hito*yume book

新 国語授業を変える「用語」

最重要用語
精選48語!
解説付さくいん
180語収録

編者　明星大学教授
白石範孝

著　白坂洋一
田島亮一
野中太一
藤平剛士

文溪堂

◉はじめに◉

学習指導要領では、「知識及び技能」「思考力、判断力、表現力等」「学びに向かう力、人間性等」という3つの柱を資質・能力として、その育成をめざしています。この3つの柱は、それぞれについて個別の指導をしていくものではなく、それぞれが関連し合っていることを大切にしなければならないと考えます。

そこには、子ども自身が自分の「問い」をもち、その問いを自分自身の力で解決していこうとする問いに対する積極的な取り組みの姿勢や、その過程での新たな問いや学びをすることをめざしていると考えます。

この「問い」の解決過程で重要となってくるのが「知識及び技能」であり、また、この「知識及び技能」を活用しての「思考力、判断力、表現力等」という「論理的思考力」ではないでしょうか。

「知識及び技能」の習得と活用は、「思考力、判断力、表現力等」という論理的な思考につながり、この論理的な思考によって自分で問いの解決に向かっていく姿勢である「学びに向かう力、人間性等」の育成へとつながっていくと考えています。

子どもたちが論理的に思考する「論理的思考力」を育成していくためには、次の3つの力の習得・活用が最も重要であると考えます。この力こそ学習指導要領が示す「知識及び技能」の具体であるとも考えています。

◆さまざまな「用語」を習得し活用する力

◆さまざまな「方法」を習得し活用する力

◆さまざまな「原理・原則」を習得し活用する力

子どもたちが文章や作品を論理的に読んでいくためには、論理的に思考し、判断し、表現するための「用語」「方法」「原理・原則」という「知識及び技能」をもつことが必要です。

もし、この「知識及び技能」を子どもがもっていなかったら、その考えや表現内容は「なんとなくそう感じる、考える。」といったイメージや感覚だけの表面的な内容になってしまい、「～とは、～から考えると、～と考えることができる。」「このきまりに当てはめると……」というような論理的な思考には、ほど遠いものになってしまいます。また、「なるほど！」「どうして？」といった学びや疑問は生まれないし、論理的な思考による学びの喜びにはつながらないのではないかと思います。

ここに、「用語」「方法」「原理・原則」という「知識及び技能」の重要性があると考えます。

本書は、学びの基盤としての「知識及び技能」となる「用語」「方法」「原理・原則」についてまとめてみました。書名からは「用語」だけに特化したように見えるかもしれませんが、「用語」「方法」「原理・原則」は、それぞれ単独で成立するものではありません。とりわけ「用語」は、「方法」「原理・原則」の土台ともなるものです。

例えば、「要点」の項では、「要点とは？」という「用語の意味」を説明し、「どのようにして要点をまとめるのか？」という「方法」を示し、そこには「どんなきまりがあるのか？」「こんなきまりを使って〜のようにまとめます。」という「原理・原則」をセットとして説明しています。さらに、これらを授業の中でどのように具体化していくのかという指導の流れを示し、実際の授業に活用しやすいように工夫しました。

これまで国語の授業のほとんどは「作品内容だけを読むこと」「言語活動としての活動中心」の授業が行われてきました。しかし、これからの授業においては、「知識及び技能」としての「用語」「方法」「原理・原則」を学び、それを生かして子ども自身が論理的に思考できる授業をめざしていくことが必要です。そのためにも「用語」「方法」「原理・原則」を「教材で教える」授業をめざすことが、これまで以上に大切になっていくと考えています。

本書は、2013年3月刊行の「国語授業を変える『用語』」としてスタートしました。

上記のような状況を踏まえ、改めて取りあげる「用語」を整理・再編すると共に、授業での使いやすさ、活用のしやすさを考え、指導の重点の明示や説明の改善・増補を行ったうえで、「新　国語授業を変える『用語』」として、改訂版をここに誕生させました。

旧版同様に活用していただき、新たな授業づくりをめざしていただきたいと思います。

明星大学教授　白石範孝

もくじ

第2章　物語・詩の用語

第3章 共通の用語

本書では、国語の授業で特に重要な語句を選んで掲載しています。関連性の強い用語は、1つの項目として扱っています。

序章

「汎用的な力」の習得のためには「用語」が必要

明星大学教授
白石 範孝

今、求められているのは「汎用的な力」の育成

平成29年に告示され、令和２年度から全面実施された小学校学習指導要領では、これまでの言語活動の充実を基盤として、子どもたちの知識の理解の質を高めることが求められています。

具体的には、

「子どもたちが学習の基礎となる知識・技能をきちんと学び、この力を糧として子ども自身が主体的に自分の考えをもち、対話ができるようにすることで、新しいものの見方・考え方、知識・技能を習得するという『深い学び』をめざす。

さらに、この知識・技能をさまざまな学習や生活の中で生きる力として、自分自身を豊かにすることができる『汎用的な力』としていく。」

――とまとめることができると思います。

つまり、学習によって身につけた知識・技能を「汎用的な力」とし、さらにその汎用的な力によって新しいものの見方・考え方、そして知識・技能を習得できるようにすることをめざしているのです。

ここでしっかりととらえなければならないのは、「汎用的な力」です。

いわゆる知識詰め込み型の教育が批判されるのは、知識・技能そのものが否定されているからではありません。知識を覚える「だけ」、技能を習得する「だけ」の教育に対する疑問だととらえるべきでしょう。

これは国語科に限ったことではありませんが、身につけた知識・技能は、活用することができてはじめて、意味をもってきます。例えば算数科であれば、足し算、引き算を学習したら、それを実際の生活の中で買い物をする際

に使うことができる、あるいは、掛け算、割り算の理解の土台とすることができるといったことです。そのように活かすことができる知識・技能は「汎用性がある」といえるでしょう。

「教材を教える授業」と「教材で教える授業」

では、国語科ではどうでしょう。

よくいわれることですが、「教材を教えるのか、教材で教えるのか」という議論があります。国語の授業で子どもたちに教えるべきことは、例えば「ごんぎつね」「モチモチの木」といった作品の内容そのものについてなのか、それらの作品を教材として用いることでほかの作品にも共通して使える事柄を教えるのか——ということです。

もちろん、作品の内容そのものを学ぶことにも意味はあります。しかし、小学校の国語の学習の目的はそこではありません。習得すべき知識・技能があり、教材文はそのための素材なのです。

つまり、国語科において「汎用的な力」を習得するためには、「教材を教える」のではなく、「教材で教える」授業が必要なのです。

用語が不明確だから、
「その教材のこと」しか教えられない

最近ではこの「『教材で教える』授業であるべきだ」という考え方も広がってきました。

しかし、実際の授業を見てみると、まだまだ「教材を教える授業」が多く行われています。どうしてなのでしょうか。

それは、「国語の授業は『教材で教える』授業であるべきだ」ということはわかっていながらも、「教材で『何を』教えるのか」ということがつかめていないため、結果的に「教材を教える授業」になってしまっているからなのです。

「何を教えるのかが明確になっていない」ことは国語科において長い間、問題となってきました。その要因は単純なものではありませんが、「国語の用語」が明確になっていなかったことも、大きな要因の１つであると考えています。

私たちが何かを教えるとき、多くの場合、言語が介在します。言葉によって伝えるのです。このとき、伝えようとする内容を明確に表す言葉がないと、うまく伝えることができません。それればかりでなく、教える側においても「何を教えるのか」という根本的な部分があいまいとなってしまいます。そのような状態では、教える教師にとっても、学ぶ子どもたちにとっても、使用している作品以外の教材との関連性をとらえることは非常に困難だといわざるを得ません。

結果として、その教材にしか通用しない学習に終わってしまう、つまり、「教材を教える」授業になってしまうのです。

これでは、「汎用的な力」の習得はできません。

「用語」によって、子ども全員を「共通の土俵」にあげる

「用語」の共有は、「対話」の大前提

今回の学習指導要領では、「主体的・対話的で深い学び」、いわゆるアクティブ・ラーニングも重視されています。国語科における対話とは「他者との対話」「教材との対話」「自己内対話」の３つがあげられます。「他者との対話」の他者とは、授業においてはおもに友達や教師です。

対話を行うためには言語が必要です。そしてそれだけでなく、その言語が意味していることについて、両者が同じ認識をもっている必要があります。例えば、「アップル」という言葉について、一方が果物のリンゴの意味で

使い、もう一方はコンピューターメーカーの意味で使いながら話していたのでは、会話が成立しません。

ところが、国語科においては長い間、「用語」について明確な定義がなされないままの状態が続いてきました。

しばしば取りあげる話ですが、「要点」「要約」「要旨」という3つの用語は、国語の授業でよく出てくる言葉です。

しかし、この3つの用語が何を表しているのか、違いは何なのか、それぞれどのような関係にあるのかをあいまいにしているケースは珍しくありません。

教師「この文章を要約しなさい。」

児童「先生、要約するって、どうすればいいのですか？」

教師「文章の要点をまとめて、その要旨を書けばいいのです。」

――などといった、不思議な会話が聞こえてきたとしても驚かないでしょう。

「自己内対話」においても、ある用語が何を表しているのかを明確にしておくことは大切です。「自分の中の思考なのだから、わざわざ意識しなくても1つの言葉の意味は1つに決まっているではないか」と思われるかもしれません。しかし実際には、人間の思考とはいい加減なものです。自分の頭の中で考えていることだからこそ、ぼんやりとしたイメージでしかとらえておらず、しかもそのことに気づいていないことが多いのです。

NHKの人気番組「チコちゃんに叱られる」でチコちゃんに「ボーっと生きてんじゃねーよ！」と叱られるのは、自分では知っているつもりでいたのに、改めて「なんで？」と問われたときに説明できないから。わかっているつもりで実はわかっていない。そういったことが、いかに多いことでしょう。

「方法」は「用語」と表裏一体

「用語」があいまいなままだと、「方法」も明確にすることができません。

前述の「要点」「要約」「要旨」をめぐる教師と児童の会話でも、「要約する」ための具体的な「方法」を教師が指示することができなかったことが、話の発端となっています。

具体的な「方法」を子どもたちに教えることをしてこなかった点も、国語科の大きな問題です。「自分の気持ちを文章で表してみましょう。」「大きな声で音読しましょう。」と言っても、「どうすれば自分の気持ちを文章で表現することができるのか。」「音読で声が小さくなってしまうのはどうしてなのか。」ということを、具体的に示すことができていたのでしょうか。もし示していないのだとしたら､それは「指導」ではなく「指示」にすぎません。「教えている」とはいえないのです。

ただし、「方法」を教えようとしても「用語」があいまいなままでは、「方法」もあいまいになってしまいます。具体的な「方法」を教えるためにも、まずは「用語」を明確にすることが必要なのです。

子どもたちを「共通の土俵」にあげているか

国語の授業においてまず行わなければならないことは、子どもたち全員を「共通の土俵」にあげることだと考えます。

「共通の土俵」とは、その授業で学習することを理解するための前提条件となる知識・技能などです。

例えば、前述のような「この文章を要約しなさい。」という課題は、子どもたち全員が要約とは何か、どうすれば要約できるのかということを理解していてはじめて成立します。これが共通の土俵にあがっている状態です。授業に参加していない、学習についてくることができない子どもの中には、授業や学習を理解する力がないのではなく、「共通の土俵」にあがることができていないことも多いということを、私たち教師はしっかりと認識しておくべきでしょう。

「共通の土俵」の要素はさまざまですが、「用語」の共通理解は中でも重要なものといえるでしょう。「用語」をしっかりとおさえ、「方法」と関連づけてとらえられるようにしておくことが、子どもたちを「共通の土俵」にあげるための第一歩なのです。

「用語」の意味を覚えさせることが国語の学習の目的ではない

授業における「手段」と「目的」のすり替わり

ここまで国語科における「用語」の大切さを述べてきました。

しかし、ここであえて申し上げなければならないのは、国語の授業において、「用語」の意味を覚えることは、学習の「目的」ではないということです。

本書で一貫して述べていることは、「用語」を明確にすることによって、子どもたち全員が「共通の土俵」にあがっている授業を行うことや、「用語」を意識しながら授業を組み立て、展開することによって、子どもたちに「汎用的な力」を習得させることの大切さです。いってみれば、子どもたちが「用語」を知り、その意味を理解・習得することは、国語の学習の目的を達成するための「手段」であるということなのです。

かつて、「言語活動」の大切さが広く叫ばれたときのことを思い出します。国語科では、言語活動の例として、物語の学習後にペープサートや紙芝居を作って発表活動を行うことなどが紹介されました。すると、ペープサートや紙芝居を作り、演じることが目的となってしまった授業が続発し、国語の時間なのか図工の時間なのかわからないような状況が、あちこちで散見されました。

ペープサートや紙芝居が悪いわけではありません。例えばペープサートは、物語の学習で「登場人物」や「語り手」などを意識することにつながります。紙芝居は「場面」について理解する機会となるでしょう。しかし、ペープサート作り、紙芝居作りはあくまでも「手段」にすぎないのです。

ところが、それらを作ること自体が「目的」となってしまったことによって、国語の学習における本来の目的が見失われてしまっていたのです。「言語活動」に限らず、同様のことは残念ながら何度も起きています。

もちろん、だからといって子どもたちは「用語」の意味を覚えなくていいといっているわけではありません。学習用語が表している事柄を理解し、習得するのは大切なことです。

用語の定義は「法律」ではない

本書で国語の「用語」について知っていただくうえで、もう1つ、注意していただきたいことがあります。

本書は、「用語」に関する絶対的な意味、固定的な意味を定めることを目的としているわけではないということです。

本書では、取りあげた各用語について、その用語の意味や表している事柄などについて「定義」しています。この「定義」は、辞書的な解説だけでなく、実際の授業を念頭に置いてまとめたものです。

ただし、この「定義」は絶対的なものではない、定義に当てはまりにくいケースもあるということを念頭に置いてほしいのです。

例えば、説明文、物語の双方で「基本三部構成」という用語を取りあげています。いずれも、文章全体を〈はじめ〉〈なか〉〈おわり〉の3つに分けてとらえることを表した用語です。

本書を一種のマニュアル、国語における六法全書のようなものとしてとらえるのであれば、「〈はじめ〉と〈なか〉の境界はどこか」「何が書かれている部分を〈おわり〉と定義するのか」といったことを完全な定義として示してあることを期待されるかもしれません。

しかし、説明文にしても物語にしても、すべての文章に完全に当てはまる定義を示すことは現実的ではありません。

もともと人間が書いた文章ですから、あいまいな部分も多く含まれています。また、教科書の学習用教材は、子どもたちの発達段階に応じた文章が扱われています。1年生の説明文と6年生の説明文とでは、述べられている要素や構造の複雑さがまったく違います。6年生の説明文には、話題提示からはじまり、いくつかの事例が紹介されたのちに中間的なまとめがいくつかあり、それらを踏まえたうえで結論と主張、さらに主張を抽象化した要旨まで述べられているものもあります。一方、１年生の説明文には、いくつかの事例が簡潔かつ並列的に述べられ、最後に簡単なまとめがあるだけといった構成の文章もあります。これらすべてを１つの定義としてまとめていくことは不可能ですし、無理やり１つの定義に当てはめることによってその読み取りに無理が生じるのだとしたら、本末転倒になってしまいます。

文章に合わせて「用語」を活用することができる力

大切なのは、「どうしてそのような定義になっているのか」「どのような考えをもとにそう定義したのか」を理解することです。それができていれば、多少イレギュラーな文章に出合ったときにも、「こう解釈すればいいのだな」と、その文章に合わせて用語を活用することができるはずです。

これもまさに「汎用的な力」なのです。

反対に、なぜそう定義するのかを考えず、機械的に用語の意味を覚えただけでは、「用語」を活用できるようになったとはいえません。少しでも当てはまらない文章に対しては、その用語を活用できないからです。

本書が、用語を定義したり解説したりするだけでなく、授業や学習の中でどのように活用するのか、実際の教材の中のどの部分に、どう関連づけていくのかをていねいに説明することを試みているのも、本書内で示した例だけでなく、国語の授業で使用されるさまざまな文章に当てはめてとらえることができるようにするためなのです。

なぜ、教科書での説明との違いがあるのか

最後に、本書での定義と、教科書での定義の一部に相違がある点について説明しておきます。

現在使用されている国語の教科書には、巻末などでおもな用語を取りあげ、

その意味を解説しているものがあります。その内容を詳しく見てみると、一部の用語においては、本書での定義と相違が見られます。

これは、その用語について本書が、教科書とは異なる見解をもっているとか、教科書の説明が間違っていると考えているといったことではありません。もちろん、用語の定義や説明は、それぞれが勝手に決めればいいというわけでもありません。

私は、本書での定義と教科書の定義との違いは、本質的には「表現の違い」だと考えています。

例えば、物語の「山場」の定義。教科書では「中心人物が大きく変わるところ」などと説明していますが、本書では「中心人物が変容する過程が描かれている部分」としています。「定義が違っているのではないか」と感じられるかもしれませんが、本書では、単に「大きく変わるところ」という表現だけだと、「大きく」「変わる」の意味があいまいで、子どもによってとらえ方が違ってしまうこともあり得るため、このような説明の仕方をしているだけのことです。

物語の学習において大切なことは、「この物語の山場は、何ページの何行目からか」を特定することではなく、例えば、中心人物の変容とそのきっかけをつかむこと、あるいは作者がどのような技法を使って物語を描こうとしているのかを読み取ることから、中心人物のこだわりや物語の主題をとらえるといった、「読みの力」を育てることなのです。

その意味において、本書も教科書も目的をもって国語の「用語」を扱っている点で一致しています。表現の違いだけにとらわれるのだとしたら、国語の授業における「用語」の大切さの本質とはズレた指摘であると考えています。

第1章 説明文の用語

【まるごととらえるために、3つに分ける】

説明文の
基本三部構成《きほんさんぶこうせい》
はじめ・なか・おわり

説明文の文章をまるごととらえるために、文章全体を3つの部分〈はじめ〉〈なか〉〈おわり〉に分けて構成を把握すること。

●関連用語：基本三文型 p.20　問いと答え p.24　要旨 p.38
基本三部構成（物語）p.48

「どこが区切りか」ではなく、「どうしてそこが区切りになるのか」を明らかにすることが大切。

文章全体を3つに分ける目的

説明文を読むときは、文章全体を〈はじめ〉〈なか〉〈おわり〉の３つのまとまりに分け、そのつながりや筆者の意図をつかむことが重要です。

このとき、文章の各部分をばらばらにとらえるのではなく、筆者が伝えたいことを、まるごととらえることがとても重要になってきます。

ただし、文章全体をまるごととらえるといっても、文章のはじめからおわりまで漫然と読んでいるだけでは、書かれている内容をとらえにくくなってしまいます。

そのため、その文章がどのような構成で書かれているのか、その内容をおおまかにとらえながら読むことが必要なのです。

下の図は、説明文を３つに分けてとらえる場合の例です。

文章全体を3つに分けてとらえる場合の例

〈おわり〉	〈なか〉	〈はじめ〉
・要旨	・事例と説明 ※事例と説明が複数の場合もある。 ※事例として小さな問いがある場合もある。 ・まとめ ・筆者の「主張」	・話題提示 ・「問い」の提示

〈はじめ〉話題や「問い」が提示される。
〈なか〉　それに関する事例と説明がいくつか紹介されたうえで、それらをまとめ、それらの事例から導かれる筆者の「主張」が述べられる。
〈おわり〉その「主張」が一般化される。
それが、この説明文の要旨ともなる。

分け方は、説明文によって異なる

注意しなければならないのは、すべての説明文が左下の図のような構造になっているわけではないということです。

例えば、低学年の説明文には、「主張」や「要旨」などがなく、次のように分けられるものが多く見られます。

〈はじめ〉	話題提示、「問い」の提示
〈なか〉	事例と説明
〈おわり〉	まとめ

また、中学年以降の説明文では、筆者の「主張」は述べられているが、「要旨」までは述べられていないものもあります。その場合は、次のように分けられます。

〈はじめ〉	話題提示、「問い」の提示
〈なか〉	事例と説明、まとめ
〈おわり〉	筆者の「主張」

このように、説明文の基本三部構成のとらえ方は、それぞれの説明文がどう書かれているかによって違ってきます。

しかし、説明文の基本三部構成をとらえることの目的は、「３つに分ける」ことを念頭に置いて読んでいくことによって、書かれていることの内容や、それぞれの役割を正しく理解することなのです。

したがって、国語の学習においては、「どこが区切りになるのか」ではなく、「どうしてそこが区切りになるのか」を、それぞれの説明文の構造の特徴と合わせて明らかにしていくことが大切です。

教材に見る「説明文の基本三部構成」

はじめ（話題提示）

❶「一本」の「本」は、日本語で細長い物を数える言葉

❷このような数え方をすることによって、…**相手に伝えることができます。**

なか（事例と説明）

❸**でも、**なぜあなたはニンジンを見たとき、まずその細長さに注目したのでしょう。

❹**しかし、**…大きなおどろきなのです。…アメリカの子どもたちは、**自分たちで数え方を生みだしていた**のです。

❺細長いという特ちょうだけを数え方のもとにする発想は、かれらにはなかったからなのです。

❻日本語の数え方は約五百種類もあるといわれています。

❼日本語を正しく使うために**正しい数え方を身につけること**は、とても大切です。**しかし、**それは**わたしたちのものの見方をせばめてしまうこと**もあります。

❽数え方は、今あるものを正しく覚えて使うだけでなく、**新しく生みだす**ことだってできるのです。

❾**例えば、**馬のように……「一頭」は、明治時代に新しく生まれたものです。

❿その後にも、数え方は生まれ続けています。

⓫このように、数え方は、いろいろな発想をもって生みだすことができます。**一方で、新しいものを生みだせる**という、**言葉のじゅうなんさにも目を向けることが大切です。**

おわり（主張）

⓬あなたも、**数える物の特ちょう**に注目して、友達と**新しい数え方**を考えてみませんか。

「数え方を生みだそう」飯田　朝子（東京書籍『新しい国語』令和２年度４年下）

境目を考えることで「話題」を明確にする

「**数え方を生みだそう**」には「問い」の提示がないうえ、〈はじめ〉と〈なか〉の境目が不明確なため、そのままでは、「何について述べられた文章なのか」ということを把握できないまま読んでいくことになってしまいます。

そこで子どもたちと、「話題」を提示している〈はじめ〉の部分はどこまでなのかを見ていきます。

子どもたちの意見にズレが生じるのは、❸～❺段落は〈はじめ〉なのか、〈なか〉なのかについてでしょう。❸～❺段落には日本とアメリカの子どもたちの比較が述べられています。もし、❸～❺段落までが〈はじめ〉だとすると、これが話題提示になりますから、この説明文は、日本とアメリカの数え方の違いが述べられていることになります。

しかし、❻段落以降を読んでみると、自分たちで数え方を生みだすことの大切さを述べています。そして、❸～❺段落はその土台となっている事例であることがわかります。

したがって、この説明文の〈はじめ〉は❶、❷段落で、そこで示されている話題は「日本語の物の数え方の特徴」であることがわかります。

〈おわり〉から筆者の主張をとらえる

次に、〈おわり〉について考えてみます。

子どもたちのズレは、⓫段落を〈なか〉の最後とするか、⓬段落と一緒に〈おわり〉とするかという点でしょう。

⓫段落が「このように」で始まっているので、文章全体のまとめととらえてしまいがちです。しかし、⓫段落が「日本語の物の数え方の特徴」をまとめているのに対し、⓬段落は「新しい数え方を考えてみよう」という読者への提案となっており、⓫段落までとは違っています。しかもこれが、この説明文の題名にもつながっています。

このことから〈おわり〉は⓬段落だけで、そこで述べられている内容は筆者の主張であると考えられます。

この用語から活用できること

物語も〈はじめ〉〈なか〉〈おわり〉の３つの部分に分けてとらえることができます。中心人物が変容する前を〈はじめ〉、変容しているところを〈なか〉、変容後を〈おわり〉とするとらえ方など、いくつかの分け方がありますが、いずれにしても説明文と同様、最初に全体を３つに分けることが、物語の構成をとらえるための、有効な手立てとなります。

【目的によって使い分けられる文章の「型」】

基本三文型《きほんさんぶんけい》

頭括型《とうかつがた》・尾括型《びかつがた》・双括型《そうかつがた》

「結論」が述べられている位置の違いに基づく３つの文型。

- **頭括型…結論が〈はじめ〉の部分に述べられている。**
- **尾括型…結論が〈おわり〉の部分に述べられている。**
- **双括型…結論が〈はじめ〉と〈おわり〉の両方に述べられている。**

●関連用語：基本三部構成（説明文）p.18　具体と抽象 p.22
問いと答え p.24　要旨 p.38　接続語 p.98

各文型の特徴をつかめば、表現活動にも活かせる。

文型ごとの特徴と見分け方

説明文は、おもに次のような５つの要素によって組み立てられています。

要素	
・話題提示	序論
・「問い」の提示	序論
・事例と説明	本論
・まとめ	本論
・主張・要旨	結論

ただし、「序論」＝〈はじめ〉、「本論」＝〈なか〉、「結論」＝〈おわり〉とは限りません。「結論」が〈はじめ〉にある文章や、〈はじめ〉と〈おわり〉の両方にある文章もあります。

説明文は「結論」がどこにあるかによって、下のような３つに分類することができます。これを「基本三文型」といいます。文型ごとに特徴があり、適している文章の種類も異なります。

説明文では、主張や要旨が結論となりますので、これらがどこに述べられているのかによって、文型を見極めることもできます。

要旨とは、筆者の考えの中心となる事柄のことですので、筆者の主張性の強い段落を探し、特定します。

「問いと答え」の関係に着目することでも、本論のまとまりをおさえることができます。「問い」に対する「答え」が述べられている段落は「本論」に含まれます。

要旨の段落なのか、本論のまとめの段落なのかで迷う場合があります。その際は、段落の冒頭や文中にある接続語や文末表現に着目します。要旨は筆者の主張を抽象化したものなので、「具体」だったらまとめ、「抽象」だったら要旨、という判断ができます。

	結論の位置（はじめ／なか／おわり）	おもな特徴と適している文章
頭括型	結論（はじめ）／本論 ・主張や要旨を〈はじめ〉の部分で述べ、〈なか〉で事例をあげて終わる。 ・「結論～本論（事例）」という流れで述べられている。	低学年の説明文に多く、「問いと答え」の関係や「文末表現」に注意して読む。 伝えたいことを即時に、端的に、まず伝えることができるため、新聞記事のニュースで使用されることが多い。事実を述べるのに適しており、情報を素早く的確に知りたい読み手にとっては、頭括型で書かれていると都合がよい。
尾括型	序論／本論／結論 ・主張や要旨が〈おわり〉にある。 ・「序論（問い）～本論（事例）～結論」という流れで述べられている。	書き手が自分の感想や驚き、発見を述べるのに効果的な文型。 結論を早く知らせるよりも、それまでのプロセスをていねいにたどらせることによって、書き手の思いや発見を、感動をもって伝えていくことができるので、新聞のコラム欄や編集後記の欄のような記事に活用される。
双括型 ※両括型と呼ばれることもある。	結論①／本論／結論② ・主張や要旨が〈はじめ〉と〈おわり〉の両方で述べられている。 ・「結論～本論（事例）～結論」という流れで述べられている。 ・結論①では、筆者の伝えたいことの骨子が前提として述べられ、結論②では、本論の情報を受けたうえで筆者の主張が述べられている。	読み手を説得するための文型。頭括型と同様に、主張と事例との関係がとらえやすい。 結論②の主張や要旨は、結論①よりも詳しく主張性の強い内容になっており、説得力をより高めている。主張性のある新聞記事である社説やオピニオン記事、論説記事などに活用される。

教材に見る「基本三文型」

はじめ

結論①（話題提示）

❶伝えたいことを、絵や図、文字を組み合わせて見える形にしたものを、インフォグラフィックスといいます。デザインの一つです。

❷大切にしていることがあります。それは、相手の立場から考えるということです。街の案内図を例に考えてみましょう。

なか

本論（事例と説明）

事例①

❸Ａの案内図は、どこにどんな建物があるかを、だれが見ても分かるように表しています。そのため、この街に来た多くの人の役に立ちます。しかし、目的地が決まっている人にとってはどうでしょうか。たくさんの道や目印があるため、どの道順で行けばよいのかまよってしまうかもしれません。

事例②

❹いっぽう、Ｂの案内図は、目的地までの道順と目印になる建物だけを表しています。まよわず安心して目的地に向かえるように、歩くときに見えるけしきをさまざまに想像しながら、見る人にとっていちばん分かりやすい道順にしぼってしめしています。しかし、街全体の様子を知りたい人にとっては、十分なものではありません。

おわり

結論②

❺このように、インフォグラフィックスを作るときには、相手の目的に合わせて、どう見えると分かりやすいのかを考えながらデザインすることが大切です。（留意点）つまり、インフォグラフィックスは、見る人の立場に立って作る、思いやりのデザインなのです。（主張）

「思いやりのデザイン」木村　博之（光村図書『国語』令和２年度４年上）

本論に述べられていることから結論をとらえる

「思いやりのデザイン」は、上の図のように全体を３つに分けることができます。

〈はじめ〉と〈おわり〉の両方に「インフォグラフィックスを作るときには、相手（見る人）の立場から考えることが大切だ」ということが述べられています。

〈なか〉の部分の本論では、事例があげられています。❸段落ではＡの案内図について、❹段落ではＢの案内図について述べられていますが、この２つの事例の関係を読み取ることが大切です。

❸段落は「……まよってしまうかもしれません。」という文で終わり、❹段落は２文目で「まよわず安心して目的地に向かえるように、……」と述べているため、「Ａの案内図よりもＢの案内図のほうが優れている」と受け取ってしまう子どももいるでしょう。

そこで、Ａ、Ｂの案内図について書かれていることを表に整理してみると、右上のようになります。

	Ａの案内図	Ｂの案内図
よい点	どこにどんな建物があるかをだれが見ても分かるように表しているので、この街に来た多くの人の役に立つ。	目的地が決まっている人は、まよわず安心して目的地に向かえる。
悪い点	目的地が決まっている人は、どの道順で行けばよいのかまよってしまう。	街全体の様子を知りたい人にとっては、十分なものではない。

このように、Ａの案内図もＢの案内図も、見る人の立場が違うと、役に立ったり、不十分だったりすることがわかります。

このことは、〈はじめ〉と〈おわり〉の両方で筆者が「インフォグラフィックスを作るときには、相手（見る人）の立場から考えることが大切だ」と述べていることと結びつきます。したがって、それがこの文章の結論であり、〈はじめ〉と〈おわり〉の両方に結論がある「双括型」の文章であることがわかります。

双括型の文章では、〈おわり〉の結論には、〈はじめ〉の結論にはない要素がつけ加えられます。❺段落では「つまり」という言い換えの接続語の後で「インフォグラフィックスは、……思いやりのデザインなのです。」と述べています。これは筆者の主張である結論をより抽象化したもので「要旨」に近いものだということができるでしょう。

【「事例」と「筆者の主張」との関係】

具体《ぐたい》と抽象《ちゅうしょう》

説明文で述べられている内容の、関係性のとらえ方の１つ。
個別の事例が「具体」であるのに対し、それをより一般化したものが「抽象」となる。

●関連用語：基本三部構成（説明文）p.18　基本三文型 p.20
要旨 p.38　接続語 p.98　文末表現 p.100

「具体」に対する「抽象」をとらえることで、筆者が述べたかったことが見えてくる。

説明文は「具体」と「抽象」から「主張」に近づく

説明文は、「具体」と「抽象」に読み分けることができます。

筆者は、自分の考えを読み手に伝えるために、さまざまな事例をあげてわかりやすく説明します。これが「具体」です。それらの事例を筆者の考えやまとめとしてくくったものが「抽象」です。

例えば、「犬」と「動物」の関係を見ると、「動物」のほうが大きなくくりなので、「犬…具体、動物…抽象」となります。しかし、「動物」と「生き物」の関係では、「動物」は具体となります。

説明文を読むときに、「具体」が出てきたら、それらをまとめた「抽象」をとらえることで、筆者の考え、つまり「主張」や「要旨」に近づくことができます。また、「抽象」を支える「具体」がどこにあるのかを読むことで、その説明文の構造をとらえることができます。

「抽象」＝「抽象的な言葉」ではない

説明文における「抽象」とは、「具体」との関係性のうえでの「抽象」です。したがって、いわゆる「抽象的な言葉」で書かれているとは限りません。

文章の中で「このように」「したがって」「つまり」などの言い換えの接続語や、「～のだ」「～である」などの断定の文末表現が使われていることなどが、「抽象」を見つけるための手がかりとなります。

説明文は「具体」と「抽象」の往復で成り立っている

多くの説明文では、いくつかの「具体」をあげたうえで、それらを「抽象」としてまとめます。この「具体→抽象」の構造を何度かくり返し、それらの「抽象」をさらに大きくくくり、「抽象」としてまとめます。最終的には文章全体をくくった「抽象」がその文章の結論となり、筆者の「主張」や「要旨」となります。

このように、説明文は「具体」と「抽象」の組み合わせによって成り立っています。この「具体と抽象の往復」を読むことが、説明文を読み解くポイントになります。

基本三文型と、「具体」と「抽象」

基本三文型は「結論」が〈はじめ〉〈なか〉〈おわり〉のどこにあるかによって区別します。この「結論」は筆者の主張・要旨であり、「抽象」でもあります。つまり、「抽象」の位置で基本三文型を見分けることもできます。

	〈はじめ〉	〈なか〉	〈おわり〉
頭括型	抽象（結論）	具体	
尾括型	具体	具体	抽象（結論）
双括型	抽象（結論①）	具体	抽象（結論②）

教材に見る「具体と抽象」

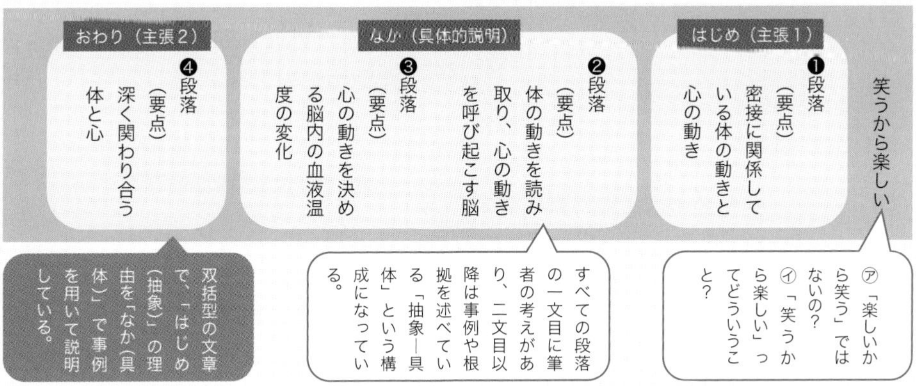

「笑うから楽しい」中村 真（光村図書『国語』令和２年度６年）

形式段落同士の「具体と抽象」を読む

「**笑うから楽しい**」では、まず題名から次のような問いの文をつくり、読みの方向をもたせます。

㋐「楽しいから笑う」ではないの？ ㋑「笑うから楽しい」ってどういうこと？

題名は、「楽しいから笑う」ではなく「笑うから楽しい」と逆説的で、筆者の主張が抽象として提示されています。

そこで、㋑の問いを用いて、具体である「本論」の部分を明らかにします。すると、〈なか〉が本論で、〈はじめ〉と〈おわり〉の両方で筆者の考えが示されている双括型であることがわかります。

本論部分にある❷段落と❸段落の内容を詳しく見てみましょう。

❷段落では、「体と心の動きを連動させるのに、脳が重要な役割を果たしていること」について述べています。

一方、❸段落では、脳の内部に起こる現象について、笑った時の例をあげて紹介しています。また、❷段落で述べた「脳の役割」について、より具体的に説明しています。

❸段落の役割があることによって、❶段落における「体の動きと心の動き」は❹段落において「体と心」に抽象化されていることがわかり、双括型の構成の効果をとらえることができます。

形式段落の中の「具体と抽象」を読む

次に、形式段落の中の、「文」同士の役割を詳しく見ていきます。

この文章では、どの段落も1文目に「筆者の考え」があり、2文目以降は事例や根拠を述べています。

例えば、❷段落では、１文目で「私たちの脳は、体の動きを読み取って、それに合わせた心の動きを呼び起こします」と筆者の考えを述べ、２文目以降は、「ある実験で、参加者に～」「このとき、脳は表情から～」と事例や根拠を「具体」として述べています。その他の段落においても同様のことがいえます。

つまり、各段落の中で、文同士が「抽象－具体」の関係になっているのです。

❶段落の「例えば」、❸段落の「人は、脳を流れる」、❹段落の「楽しいという心の動きが」に着目すれば、この述べ方をとらえることができ、形式段落内における「具体」と「抽象」を読み分けることができます。

形式段落の中の「抽象」の部分を取り出すと、各段落の要点をまとめることができ、上の図のようになります。

この用語から活用できること

「具体と抽象」を区別して読むことにより、主張や要旨をとらえることができます。

高学年の説明文は主張や要旨が抽象化されて最後に書かれていることが多くあります。その具体を基本三部構成の〈なか〉から読むことで、段落相互の関係もおさえることができます。

【説明文はこの関係から成り立っている場合が多い】

問い《とい》と答え《こたえ》

説明文で述べられている内容の関係性のとらえ方の１つ。
その文章を読むときの視点となる「問い」を筆者が提起したうえで､それに対する「答え」を示すことで文章を展開していく。

●関連用語：段落相互の関係 p.30　題名 p.90　接続語 p.98
文末表現 p.100

明確に書かれていない「問い」と「答え」を読み取ることも大切。

「問いと答え」から筆者の主張をとらえる

多くの説明文は「問い」と「答え」の関係から成り立っています。筆者は「問い」を用いることによって、読み手を筆者が述べようとする内容に引きつけます。

低学年の説明文では「問いの文」、「答えの文」がわかりやすく書かれていますが、学年が進むにつれ、問いの文と答えの文とが離れているためにわかりにくかったり、「問い」や「答え」が明確に示されていなかったりします。

そういった説明文から「問い」と「答え」を読み取る中で「筆者の主張」や「筆者が何をどのように書いたのか」（文章構造）をつかむことができます。

「問い」と「答え」をとらえる方法

①文末表現から「問い」の文を探す。
- 「～でしょうか」のように文末が「か」のような問いかけで終わっている文。
- 「～でしょう」で終わっていても、「か」をつけると問いになる文。

②「接続語」に着目する。
- 「このように」のような、まとめを示す接続語の後に「答え」が書かれている。

③「問い」と「答え」の間にある段落を読む。
- 何のために書かれたのか、その目的を読み取る。また、段落の説明からわかったことを読み取る。（実験、観察、具体例、調査など）
- 「目的」と「わかったこと」が「答え」とどうつながるのかを確かめる。

「問いと答え」の分類

説明文の種類	「問いと答え」の関係を使った活動
問いの文、答えの文がわかりやすい文章	「問い」や「答え」が示されている段落から「問い」と「答え」の一文を書き出す。 「問い」の文がない場合や、文章の中で大きな「問い」の役割を果たしていない場合には、題名から問いの文をつくる。
問いと答えが離れ、その間に解き明かす過程が示されている文章	「問い」と「答え」の間に書かれている実験、観察、具体例、調査などが、何を説明するためのものか、またそれらからどんなことがわかったのかを読み取る。さらに、それらと「答え」とのつながりをとらえる。 問いは、次のように３つに分類することができる。 ①事例レベルにかかる「部分の問い」②文章全体にかかる「全体の問い」③はっきりと明示化されていない「隠された問い」
問いや答えが明確に示されていない文章	①問いの文が明確でない場合……答えとなる文（筆者の主張）を見つけ、その中から、キーワードとなる言葉を引き出す。引き出したキーワードを使って、「問い」の文をつくる。つくった問いの文が、文章全体のどこに入るのかを考える。 ②答えの文が明確でない場合……「はじめ、なか、おわり」の「なか」で説明されている事例の目的をとらえる。そのなかで、説明されている内容から、共通する言葉を見つける。共通する言葉を使って「答え」の文を書く。

教材に見る「問いと答え」

はじめ

❶段落【問い】
なぜ、ありの行列ができるのでしょうか。

なか

❷段落【ウイルソンの紹介と実験の目的】
❸段落【一回目の実験と結果】
❹段落【二回目の実験と結果】
❺段落【ウイルソンの立てた予想】
❻段落【はたらきありの体の仕組みの研究】
❼・❽段落【実験と研究からわかったこと】

おわり

❾段落【答え】
このように、においをたどって、えさの所へ行ったり、巣に帰ったりするので、ありの行列ができるというわけです。

「ありの行列」 大滝　哲也（光村図書『国語』令和２年度３年下）

「問い」「答え」以外の段落の役割を考える

「**ありの行列**」では、まず、❶段落の問いの文「なぜ、ありの行列ができるのでしょうか」をおさえてから、この「問い」に対応する「答え」はどの段落なのかをとらえさせます。

子どもたちは、❽段落か❾段落かで迷います。❽段落も、ウイルソンの実験と研究からわかったことが示されているので、「問い」に対する「答え」のように見えます。

そこで、❾段落の
・文頭の「このように」という表現
・文末の「～というわけです」という表現
これらに着目することにより、❾段落が❶段落の「問い」に対する「答え」であることがわかります。

「問いと答え」がわかったところで、❷～❽段落は「何を説明するためにあるのか」、またその段落から「わかったことは何か」を読み取っていくことにします。

このように段落の役割をまとめることによって、❷～❽段落のまとめが❾段落であるという文章構造をとらえることができます。

さらには、「問いと答え」の関係から見えてきた段落相互の関係（何がどのように書かれているか）をもとに問いに対する答えをまとめると、次のようになります。

> 「なぜ、ありの行列ができるのでしょうか」という問いに対する答えは、「ありはおしりのところから出すとくべつなえきのにおいをたどって、えさの所へ行ったり、巣に帰ったりしているから」です。

この用語から活用できること

説明文は、「問い」を手がかりにすることによって、文章全体を序論・本論・結論の３つに分けることができます。また「答え」にあたる部分が結論であることがわかります。

【説明文の学習の最小単位】

形式段落《けいしきだんらく》
段落《だんらく》の主語《しゅご》

［形式段落］ 段落（1つの内容を表す文のまとまり）のうち、改行や、文頭を1文字下げることで区切りが示されているもの。

［段落の主語］ 形式段落で述べられていることを表す中心となる語。体言で表す。

●関連用語：意味段落 p.28　主語連鎖 p.28　段落相互の関係 p.30
文章構造図 p.32　文章構成図 p.32

筆者が伝えたいことの中心が、「段落の主語」となる。

説明文の学習では
まず「形式段落」に段落番号をつける

説明文の授業では一般的に、各形式段落に段落番号をつけ、その文章がいくつの形式段落からできているかを把握します。

形式段落に番号がつけてあると、授業中の話し合いや指示がスムーズにいきます。また、中学年以降の説明文の学習では、その文章がどのような構成になっているのかをとらえますが、文章構造図や文章構成図をつくるときにも、形式段落の段落番号は不可欠です。

ただ、形式段落についてはこういった「形式」の部分だけに目が行きがちですが、「同じ事柄について書かれた文がつながって、まとまった意味を表している、文のまとまり」であることも、しっかりとおさえておく必要があります。

「段落の主語」をとらえる

形式段落をつくる文は、同じ事柄について書かれているので、形式段落の文の中に「中心となる語」があります。これを、「段落の主語」といいます。

段落の主語をとらえる方法には、次の2つがあります。

① 各文の動詞に着目し、その主語が何かをとらえる。

② 各形式段落の中で、くり返し出てくる同じ語を探す。

右ページの**「たんぽぽのちえ」**を例にすると

> 　この　ころに　なると、それまで　たおれて　いた　花の　じくが、また　おき上がります。そうして、せのびを　するように、ぐんぐん　のびて　いきます。

この文章は、2つの文でできた1つの形式段落ですが、どちらの文も、花の「じく」について述べています。したがって、この形式段落の主語は「じくが」であることがわかります。

「段落の主語」は
筆者がその段落で伝えたいことの中心

「段落の主語」はその段落の中心となる事柄ですから、段落の主語に着目した読みを展開することで、筆者がその段落で伝えたいことをとらえることができます。

また、段落の主語をとらえる読みをすることが、要点や要約、要旨の学習や、意味段落をとらえることにつながっていきます。

教材に見る「形式段落　段落の主語」

題名

たんぽぽのちえ

「たんぽぽの『ちえ』って、どんなちえが、いくつあるの？」

はじめ

❶「春になると、たんぽぽの黄色いきれいな花がさきます。

話題提示

なか

❷たんぽぽの花のじくは、じめんにたおれてしまいます。

❸花とじくを休ませて、たねをどんどん太らせるのです。

ちえ１

じくがたおれるちえ

❹花はすっかりかれて、そのあとに、白いわた毛ができてきます。

❺わた毛の一つ一つは、ひろがると、らっかさんのようになります。

ちえ２

わた毛ができるちえ

❻たおれていた花のじくが、またおき上がります。

❼（じくの）せいを高くするほうが、たねをとおくまでとばすことができます。

ちえ３

じくが、またおき上がるちえ

❽わた毛のらっかさんは、とおくまでとんでいきます。

❾わた毛のらっかさんは、すぼんでしまいます。

ちえ４

わた毛をとおくまでとばすちえ

おわり

❿このように、たんぽぽは、いろいろなちえをはたらかせています。そうして、あちらこちらにたねをちらして、あたらしいなかまをふやしていくのです。

まとめ

「たんぽぽのちえ」うえむら　としお（光村図書『こくご』令和２年度２年上）

「段落の主語」をとらえる必要性をつくる

「**たんぽぽのちえ**」の授業では、読みの方向性をもたせるため、題名を使い、「たんぽぽの『ちえ』って、どんなちえが、いくつあるの？」という問いの文をつくります。

この課題を解決するためには、それぞれの段落が「何について述べられているのか」をとらえなければなりません。そこで、「段落の主語」に着目するという読み方の必要性が生まれます。

❶段落は、話題提示の段落です。この説明文は「たんぽぽのちえ」について述べている説明文ですから、段落の主語は「たんぽぽの」です。

❷段落は、１文目だけを読むと「花の」が主語のようですが、２文目でたんぽぽのじくがたおれることを述べています。この段落で筆者が伝えたかったことは「たんぽぽのじくがたおれること」なので、段落の主語は「じくは」です。

❸段落も「たねを太らせるために、じくが休む」ことを述べているので、❷段落に続き、段落の主語は「じくを」です。

❹段落、❺段落の段落の主語はわかりやすいでしょう。「わた毛が（の）」です。

❻段落では、段落の主語が再び「じくが」になります。❼段落は主語が隠れていますが、２文目は、１文目の「なぜ、こんなことを……」という問いの答えになっています。１文目の「こんなこと」とは、❻段落の「じくが、またおき上がる」ことをさしているので、❼段落も段落の主語は「じくの」だとわかります。

❽段落と❾段落の段落の主語は「わた毛の」です。

❿段落はこの説明文全体のまとめなので、段落の主語は「たんぽぽは」です。

筆者が伝えたかったことをとらえる

❷、❸段落と❻、❼段落の主語はともに「じくは（を、が、の）」ですが、「ちえ」に着目すると、❷、❸段落は「じくがたおれるちえ」、❻、❼段落は「じくが、またおき上がるちえ」と、それぞれ異なるちえについて述べていることがわかります。

同様に、❹、❺段落は「わた毛ができるちえ」、❽、❾段落は「わた毛をとおくまでとばすちえ」です。

このように各段落の主語をとらえることで、「たんぽぽには、４つのちえがある」ことがわかります。まとめの❿段落の記述と合わせ、「たんぽぽは、なかまをふやすためにいくつものちえをはたらかせている」ということを、筆者が伝えたかったのだということをとらえることができます。

【文章全体の構成を把握するための手立て】

意味段落《いみだんらく》
主語連鎖《しゅごれんさ》

［意味段落］段落のうち、述べられている内容のつながりがある形式段落をまとめたもの。

［主語連鎖］同じ段落の主語をもつ形式段落のまとまり。

●関連用語：具体と抽象 p.22　問いと答え p.24　形式段落 p.26
段落の主語 p.26　段落相互の関係 p.30

「意味段落」は、「主語連鎖」から明確にとらえることができる。

同じ内容について述べられた「形式段落」のつながり

説明文は、いくつかの形式段落のまとまりでできています。形式段落は、「段落の主語」に着目することで、どんな内容について述べられた段落かがわかります。同じ内容について述べられた形式段落をまとめたものを「意味段落」といいます。

「主語連鎖」から「意味段落」をとらえる

「主語連鎖」とは、同じ段落の主語をもつ形式段落が並ぶことをいいます。段落の主語が同じだということは、それらの形式段落は同じ内容について述べられていることを示します。つまり、主語連鎖を見つけることによって、意味段落をとらえることができます。

「主語連鎖」を見つけるときの注意点

右ページの「**今、あなたに考えてほしいこと**」を例に見ていきます。

① **異なる言葉でも、同じ主語として扱うことがある。**

記述をもとに段落の主語を見ていくと、言葉は違っても表したい内容は同じであるケースがあります。例えば、「人間」が主語の❺、❻、❾段落と、「私たち」が主語の❼、❽段落が続いているような場合です。「私たち」は「人間」なので、主語連鎖を見つけるときには同じ段落の主語として扱います。

② **主語連鎖の途中に、主語が異なる段落が入ることがある。**

注意点①とは違い、明らかに主語が異なる段落が、一連の主語連鎖の途中に入っている場合があります。例えば❿、⓫段落と⓭段落の主語は「私」なのに、⓬段落は主語が「想像力」であるようなケースです。

主語連鎖が途切れているように見えますが、必ずしもそうではありません。

⓬段落の内容が、⓭段落で述べることを支えるための内容であるような場合は、段落の主語が異なる⓬段落も含め、❿～⓭段落で１つの意味段落になっていると考えることができます。

「主語連鎖」以外で「意味段落」をとらえる方法と段落の大きさ

「意味段落」は「主語連鎖」以外にも「具体と抽象」「問いと答え」「事例」などの視点でもとらえることができます。

例えば、具体を述べている段落の集まり、抽象を述べている段落の集まりなどのそれぞれを、意味段落ととらえることがあります。また、具体の段落と抽象の段落全体で１つの事柄を表しているととらえ、あわせて１つの意味段落ととらえることもできます。「問いと答え」についても同様のことがいえます。

１つの文章を、細かい意味段落に分けることもできますし、大きく分けることもできます。意味段落に分ける目的によって、使い分けます。

教材に見る「意味段落　主語連鎖」

第1段落（根拠①）

❶アリの力に感心する私

❷みな生きることに全力をつくす生き物

❸みんなが共に生きている生き物の世界

❹うまく生きている生き物全体

第2段落（根拠②）

❺自分の力を思い切り使って一生けんめい生きることが大切な私たち人間

❻他の生き物とはずいぶんちがうことができるようになった人間

❼便利さは増した私たち

❽自然をこわしてしまうことがある私たち

❾技術については、自然をこわさないようにということを考えて使わなければならない人間

第3段落（理由：❿〜⓬　主張：⓭）

❿人間の歩き方の始まりに、やさしい心があったらしいと考えると、うれしくなる私

⓫全ての人を思いやる気持ちを他の生き物にまで広げる思いやりがあれば、人間は自然をこわさない暮らし方を考えようという気持ちになれるにちがいないと考える私

⓬他の生き物はもっていない、私たち人間だけにある思いやる気持ちから生まれた想像力

⓭想像力を働かせて、これからのことを考えていくと、みなが生き生き暮らせる社会を考え出すこともできると考える私

第4段落（要旨）

⓮（技術をどのように使ったらよいだろうというところにまで思いを広げることができる）「そのような生き方で暮らしたら、未来はどうなるのか。そのときの技術はどのようなもので、どう使われているのか。」が、今、あなたに考えてほしいこと

「今、あなたに考えてほしいこと」中村　桂子（光村図書『国語』令和２年度６年）

題名を切り口に読みの課題をつくる

「**今、あなたに考えてほしいこと**」の授業では、まず、題名に着目します。題名は、⓮段落にある筆者の主張(要旨)を表しています。そこから、「❶〜⓭段落は何を述べているのだろう」と発問すると、次のような対話が生まれます。

「生き物と人間を比べて、人間の生き方を戒めていると思う。」

「そうかなあ。筆者は、人間も生き物に入れて考えていると思うけれど。」

「生き物も人間もみんな仲良く暮らしましょうと述べていると思う。」

このような子どものズレから課題を次のように明確化します。

【課題】❶〜⓭段落の役割をとらえよう。

〈解決 1〉主語連鎖を使って意味段落に分ける

この課題を解決するために、意味段落に分ける活動を行います。ここで、主語連鎖から意味段落をとらえる方法を教えます（左ページ参照）。すると、意味段落は上の図のようになります。

〈解決 2〉意味段落の役割をとらえる

ここで、❶〜❹段落（野生の生き物）と❺〜❾段落（人間）を比較すると、次のことが見えてきます。

・同じところ… 自分の力を思い切り使って一生けんめい生きている。

・違うところ…人間は、技術については、自然をこわさないようにということを考えて使わなければならない。

この２つの意味段落を比較することにより、筆者が「人間は技術の使い方を考える必要性がある」と「主張」していることがわかります。

❿、⓫、⓭段落は、段落の主語が「私」になっていることから、❶〜❾段落とは役割が異なることがわかります。子どもに、筆者が段落の主語を「私」にしたのは何のためだろうと聞くと、「読み手を説得するため」という答えが返ってきます。そこから、⓭段落に「主張」、❿〜⓬段落に「理由」が述べられていることを確かめます。ここで、人を説得するためには、「根拠」「理由」「主張」の３つが必要であることを教えると、子どもは、❶〜❾段落が説得のための「根拠」を担っていると気づきます。

「意味段落」の関係から文章の構成をとらえる

以上の過程から、文章全体の構成を次のようにとらえることができます。

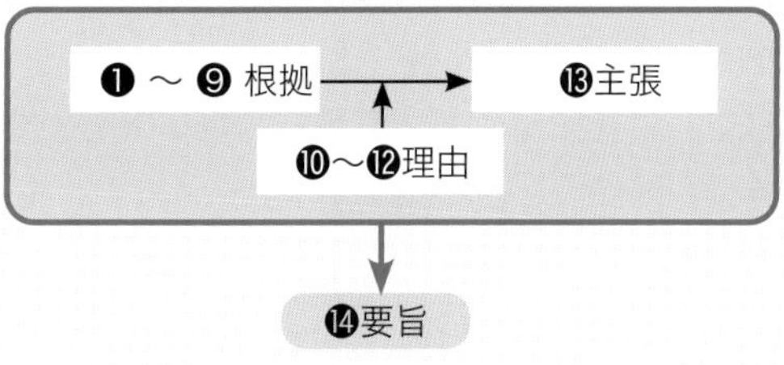

【段落同士の「つながり」と「まとまり」】

段落相互《だんらくそうご》の関係《かんけい》

文章の中における、各段落の役割や、段落同士のつながり方。
段落相互の関係をとらえることで、文章構造が明らかになり、筆者の主張が見えてくる。

●関連用語：形式段落 p.26　段落の主語 p.26　意味段落 p.28
主語連鎖 p.28　文章構造図 p.32　文章構成図 p.32

「段落相互の関係」をとらえると、「文章構成図」や「書く活動」にも活かせる。

「段落相互の関係」から文章全体の構成をとらえる

段落同士の内容や意味が、どのような関連や役割でつながっているかという関係性を、「段落相互の関係」といいます。

段落相互の関係をとらえることによって、文章全体の構成をとらえることができます。

段落相互の関係には、

・筆者の考えと、それを支える理由や事例との関係
・列挙された事例同士の関係

などがあります。

これらの関係に着目し、「つながり」をとらえていくことによって、筆者の考えはどのような理由によって説明されているのか、どのような事例によって具体的に説明されているのかという「論理展開」を読むことができるようになります。

また、形式段落同士の関係や役割をとらえることによって意味段落をとらえることができます。

「段落相互の関係」をとらえる方法

段落相互の関係は、各段落の内容の読みだけではとらえることはできません。

文章全体を視野に入れ「まるごと読む」ことを通して、段落同士の「つながり」や「まとまり」が見え、関係性をとらえることができます。段落の内容の部分だけにとどまらず、部分と部分、部分と全体の関係を問題にすることが指導のポイントになります。

実際の授業では、以下のような視点で文章を見ていくことで、段落相互の関係をとらえることができます。

・どのような三部構成になっているのかを見る。
・「問いの段落」と「答えの段落」がどうなっているのかを見る。
・事例がいくつあるのかを見る。
・事例がどのような順序になっているのかを見る。
・事例同士がどのような関係になっているのかを見る。

「段落相互の関係」を「文章構成図」や「書く活動」に活かす

●文章構成図に表す

段落相互の関係を明らかにすることで、「文章構成図」にかき表すことができます。

文章構成図には、事例のまとまりやつながり、筆者の考えがどのような事例や理由によって説明されているかが表され、より立体的に文章構成をとらえることができます。

●書く活動に活かす

調べたことや自分の考えなどを、理由や事例をあげて書く活動をするときには、段落相互の関係を意識することで、論理的な構成の文章をつくることができます。

教材に見る「段落相互の関係」

■文章構成図

言葉の意味が分かること

はじめ

❶段落（筆者の主張）「言葉の意味には広がりがある」

なか

問い1のまとまり

❷段落（問い１）言葉の意味に広がりがあるとは？

❸段落

❹段落

問い2のまとまり

❺段落

❻段落（問い２）どうして子どもは言いまちがいをしたのか？

❼段落

問い3のまとまり

❽段落（問い３）どうして留学生はまちがった表現をしたのか？

❾段落

❿段落

おわり

⓫段落　言葉の意味を「点」として考えている

⓬段落（筆者の主張）「言葉の意味は面である」

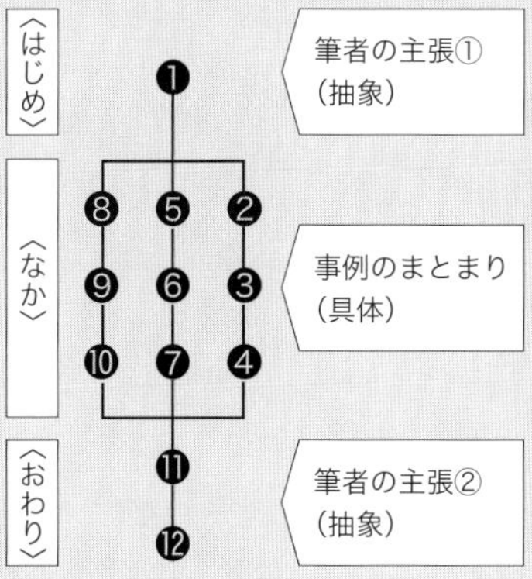

「言葉の意味が分かること」 今井 むつみ（光村図書『国語』令和2年度5年）

「問いと答え」の関係から段落のまとまりをとらえる

「言葉の意味が分かること」の「問い」は、❷段落、❻段落、❽段落の３か所にあります。これらをそれぞれ、「問い１」「問い２」「問い３」と呼ぶことにして、「どんなまとまりがいくつできるだろう」と問いかけます。

すると、子どもたちの間では、❺段落が「問い１」のまとまりに入るのか、それとも「問い２」のまとまりに入るのかでズレが生じます。

そこで、まずは「問い」と「答え」の関係からまとまりをとらえていくようにします。

子どもたちのズレが生じた❺段落について検討します。ここでは「一つの言葉がどこまで使えるのか、全ての事物を見て、確かめることはできません」そのため、「よくおもしろいまちがいをします」として、❻段落で「言いまちがい」を紹介しています。つまり、❺段落からのつながりで、❻段落の「問い」はできていることがわかります。

このようにして「問い」と「答え」の関係から「問い１」が❷～❹段落、「問い２」が❺～❼段落、「問い３」が❽～❿段落であることをまとまりとしてとらえることができます。

段落の役割から「段落相互の関係」をとらえる

次に内容をとらえていきます。その際に活用したいのが「接続語」や「指示語」です。

段落同士がどのようなつながりになっているかを読むためには、接続語や指示語を補いながら読む方法が有効です。

例えば、❸段落の書き出しは「あなたが、小さな子どもに～」となっています。ここに「例えば」「もしも」などを補いながら読んでいくのです。そうすることによって、「❸段落は❷段落の『問い』を受けての事例が述べられている」といった、段落同士の関係をとらえることができます。

さらには、この段落相互の関係を使って、文章構成図をつくることを課題とします。この活動を通して、事例のまとまりやつながり、筆者の考えがどのような事例や理由によって説明されているのかに目を向け、子どもたちは文章全体の構成をとらえることができるようになります。

接続語や指示語に着目してまとまりの内容をとらえることは、論理的な文章を書く活動にもつながります。

【説明文を読み解くための2ステップ】

文章構造図《ぶんしょうこうぞうず》
文章構成図《ぶんしょうこうせいず》

［文章構造図］内容や役割をもとにした形式段落のまとまりを、図に表したもの。

［文章構成図］文章構造図によって示された形式段落のまとまり同士のつながり方を、フロー形式の図に表したもの。

●関連用語：基本三部構成（説明文）p.18　形式段落 p.26
意味段落 p.28　段落相互の関係 p.30　要点 p.34
要約 p.36

「文章構造図」をつくると基本三部構成がわかり、「文章構成図」をつくると筆者の考えをとらえやすくなる。

「文章構造図」のつくり方と役割

文章構造図とは、次のように、形式段落のまとまりを示した図です。

文章構造図の例

おわり	なか			はじめ
❾❽	❼	❻❺	❹❸	❷❶
主張	まとめ	事例②	事例①	話題提示

文章構造図を作成することで、文章全体の構成や意味段落をとらえることができます。

文章構造図は、以下の手順でつくります。

① 形式段落の番号を横に並べて書く。
② 段落のまとまり（意味段落）をつくる。
③ 文章全体を３つに分ける。
④ 要点や小見出しをつける。

②の「段落のまとまり（意味段落）をつくる」ときには、段落の主語からとらえる「主語連鎖」や、「問いと答え」の関係などを使います。

また、「要点や小見出しをつける」を④の作業としましたが、②で段落の主語をとらえていれば、それが要点をまとめる作業にもつながっています。つまり、「文章構造図」をつくるということは特別なことではなく、説明文の学習で行う一般的な作業であることがわかります。

しかし、ここでその文章の構造をしっかりつかんでおかないと、次の「文章構成図」をつくることができません。

「文章構成図」のつくり方と役割

意味段落はいくつかの形式段落のまとまりですが、１つの意味段落の中での形式段落のつながり方は、すべて同じではありません。

例えば、手順や順序を説明している場合は「直列」につながっていますが、いくつかの事例をあげている場合、その事例同士は「並列」になります。

このような、形式段落同士のつながり方を図に表したものが「文章構成図」です。

文章構成図をつくることにより、筆者が「何を比較して」「何のためにどの事例を出し」「どのように主張しているか」をとらえることができます。それが要約するときの要素となります。

縦に結ぶ（直列につなぐ）か、横に並べる（並列にする）かは、次のような視点で判断します。

◆ 縦に結ぶ（直列につなぐ）
・「例えば」「つまり」などの接続語で結ぶことができる「具体—抽象」の関係にある段落。
・「なぜなら」「だから」などの接続語で結ぶことができる「理由—結論」「事実—意見」の関係にある段落。
・手順や順序の関係にある段落。

◆ 横に並べる（並列にする）
・同じ事柄に関する事例の列挙となっている段落。
・事例の関係など、段落同士に因果関係がなく、抽象化することと同じ役割を担っている段落。

要約をするために「文章構造図」と「文章構成図」をつくる

「**世界にほこる和紙**」の要約をする授業では、最初に、「文章構造図」をつくります。

まず「問いと答えの関係」から見ていきます。

この教材の「問い」は、次の２つです。

・❸段落「このようなちがいは、何によって生まれるのでしょうか。」

・❼段落「なぜ、……こんなにものこっているのでしょうか。」

❸段落の問いに対する答えは、❹段落「せんいの長さ」、❺段落「作り方」であることがすぐにわかります。一方、❼段落の問いの答えは、同じ❼段落の中にあります。

どうやら❸～❺段落は１つの意味段落にくくれそうですが、❻段落や❽、❾段落がどうなっているのかでズレが生じます。

そこで次に、「段落の主語」を見ていきます。

すると、❻段落は❸～❺段落と同じ「和紙のよさ」が主語になっています。同様に❼～❾段落はいずれも「自分の気持ち」が主語です。これらの主語連鎖から❸～❻段落、❼～❾段落のそれぞれが意味段落になっていることがわかります。

残った❶、❷、❿段落を見てみると、❶段落は話題提示、❷、❿段落はいずれも筆者の考えが述べられているので、❶、❷段落が〈はじめ〉、❿段落が〈おわり〉と判断できます。

これをもとに文章構造図をつくると、下のようになります。

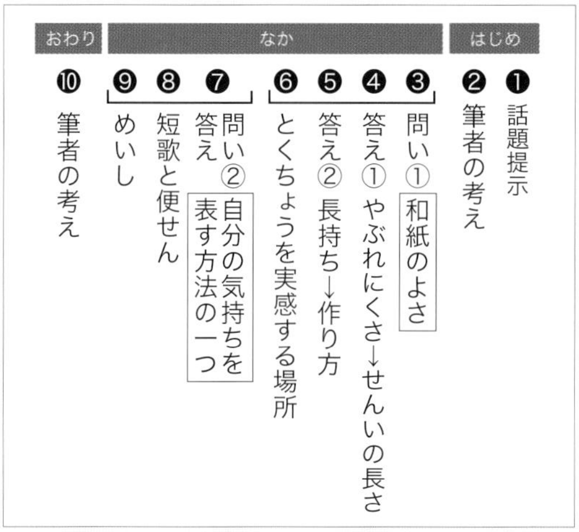

意味段落同士のつながりをつかむ

次に、「文章構成図」をつくります。

まず、意味段落同士がどのようにつながっているかを見ていきます。第1段落は〈はじめ〉、第4段落は〈おわり〉ですから、考えなければならないのは、第2段落と第3段落が縦につながっているのか、横に並んでいるのかということです。

そこで、第1段落を改めて読むと、筆者は、和紙を使うことをすすめており、その理由として「和紙のよさ」と「自分の気持ちを表す方法の一つ」の２つをあげています。このことから第2段落と第3段落は横に並んだ並列の関係だと考えられます。これを文章構成図で表すと右のようになります。

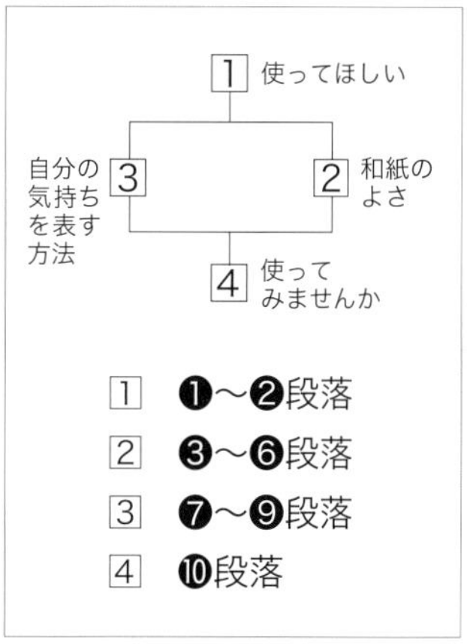

同じような手順で、第2段落の中の❸～❻段落を見ると、❸段落の問いに❹、❺段落の２つの事例を答えとした後、❻段落でまとめています。したがって、❸～❻段落の関係は右のようになります。

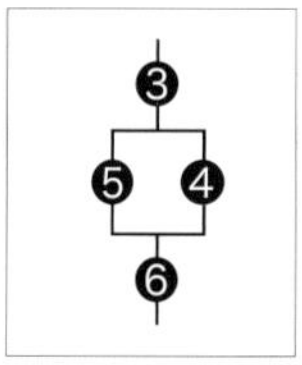

第3段落の❼、❽、❾段落は縦並びの関係といえます。

したがって、文章構成図は、下のようになります。

このように整理すると、要約するべき内容は、「和紙のよさ」と「自分の気持ちを表す方法の一つ」をあげたうえで、「世界にほこる和紙を、生活の中で使ってみませんか」という筆者の考えであることがわかります。

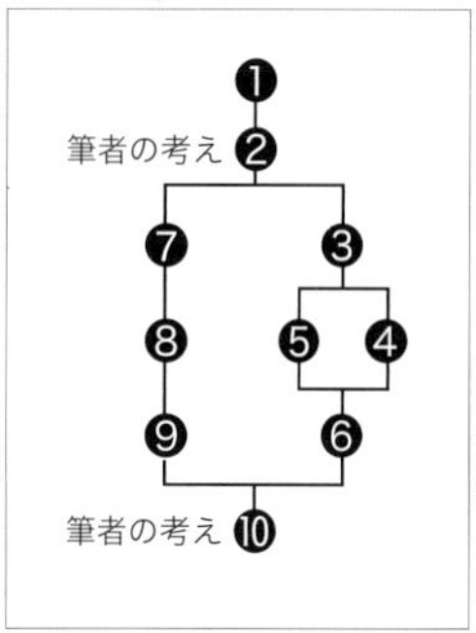

「世界にほこる和紙」増田　勝彦（光村図書『国語』令和２年度４年下）

【形式段落ごとにまとめるもの】

要点《ようてん》

1つの形式段落の中で筆者が述べようとしたことを、短い文にまとめたもの。
日常生活で用いる「要点」という言葉の意味とは異なる。

●関連用語：具体と抽象 p.22　形式段落 p.26　段落の主語 p.26
意味段落 p.28　主語連鎖 p.28　意見・理由・事実 p.40

「要点」をつかむと、「主語連鎖」や「意味段落」もとらえやすくなる。

日常会話での「要点」と区別する

日常会話の中でも「要点をまとめてわかりやすく話しなさい」「その話の要点は何なの？」といった使い方をします。「話の中の大切な部分」「話の結論」といった意味です。いずれにしても、明確な定義があって使われているとはいえません。

一方、国語の授業では、「説明文の要点をまとめる」といった活動を行いますが、「話の中の大切な部分」でも「話の結論」でもありません。「要点」という用語に限ったことではありませんが、日常生活の中でも使い「なんとなく」意味を知っている言葉だけに、かえって混乱が生じやすくなっているのが現実です。

国語の授業における「要点」の定義や、「要点」の具体的なとらえ方を子どもたちが共通に認識できてはじめて、授業の中で「要点」という言葉を使うことができるのです。

「大切な一文」から「要点」をまとめる

改めて国語の授業における「要点」を定義すると、「形式段落の中で、最も大事なところ」となります。つまり、形式段落の中で筆者が最も伝えたい内容を一文で短くまとめたものが、その段落の「要点」となります。各形式段落の「要点」を明らかにすることで、段落同士のつながりも見えてきます。

要点をまとめるためには、まず、その形式段落を構成するそれぞれの文の役割をとらえ、その中から「大切な一文」を抜き出し、体言止めで短くまとめます。これが「要点」となります。文を体言止めにすることで、段落の主語が明らかになり、主語連鎖や意味段落もとらえやすくなります。

「要点」の学習は、文章全体の内容を、中心となる内容に焦点化する「読むこと」の学習として効果的な活動です。

【要点のまとめ方】

①形式段落がいくつの文で構成されているか調べる。
↓
②中心となる「大切な一文」を見つける。
〈「大切な一文」の見つけ方〉
・それぞれの文の役割を考える。
・それぞれの文の中から、結論が述べられている文を見つける。
・形式段落内の主語と述語から見つける。
・文の関係から見つける。
・接続語から見つける。
↓
③抜き出した一文を短くまとめる。
・主語、述語、キーワードを見つけて一文にする。
・文末を体言止めにする。

（文の関係から見つける）
「理由」と「結論」→「**結論**」のほうが大切
「具体」と「抽象」→「**抽象**」のほうが大切
「原因」と「結果」→「**結果**」のほうが大切
「事実」と「意見」→「**意見**」のほうが大切

（接続語から見つける）
・逆接の接続語の場合
A「しかし」B →Bのほうが大切
・並列の接続語の場合
A「または」B →AもBも大切

教材に見る「要点」

こまを楽しむ

【❶段落】

（1文目）こまを回して遊ぶことは、昔から世界中で行われてきました。（2文目）長い間、広く親しまれるうちに、こまには、さまざまなくふうがつみかさねられてきました。（3文目）そうして、たくさんのこまが生み出されてきました。（4文目）日本は、世界でいちばんこまのしゅるいが多い国だといわれています。（5文目）では、どんなこまがあるのでしょう。（6文目）また、どんな楽しみ方ができるのでしょう。

【各段落の要点】

❶段落　こまには、どんなしゅるいがあり、どんな楽しみ方ができるのか

❷段落　回っているときの色を楽しむ色がわりごま

❸段落　回っているときの音を楽しむ鳴りごま

❹段落　とちゅうから回り方がかわり、その動きを楽しむさか立ちごま

❺段落　たたいて回しつづけることを楽しむたたきごま

❻段落　おどろくような所で回して、見る人を楽しませる曲ごま

❼段落　雪の上で回して楽しむずぐり

❽段落　こまのつくりにくふうをくわえ、回る様子や回し方でさまざまな楽しみ方ができるくふう

「こまを楽しむ」安藤　正樹（光村図書『国語』令和２年度３年上）

段落の中心文から「要点」をまとめる

「こまを楽しむ」の、要点をまとめる授業では、まず、❶段落で要点をまとめる方法の学習を一斉授業として行います。

はじめに、❶段落を構成している文の数を確認します。このときにも、「句点（。）の数を数えればわかるね」と具体的な方法を示すことが大切です。❶段落は６つの文でできています。

次に、それぞれの文がどのような役割を担っているかをまとめていきます。

１文目は「これからこまの話をしますよ」といった、「前書き」のはたらきをしています。

２文目、３文目では、「こまにはさまざまなくふうがされてきた」「たくさんのこまが生み出されてきた」という、この段落の話題が述べられていますので、「話題提示」の役割をしています。

４文目の内容は、２文目、３文目の内容を補足していますので、「つけたし」といっていいでしょう。

５文目と６文目は、「問いの文」であることがはっきりしています。

では、❶段落の中で中心となる文は、６つの文の中のどれでしょうか。

それぞれの文の役割が見えてくると、文章全体の「問い」の役割ともなっている５文目と６文目が、❶段落の中心と考えることができます。通常は「大切な『一文』」ですが、この段落では「二文」でしたので、それぞれのキーワードを拾って一文にまとめます。キーワードは「どんなこま」「どんな楽しみ方」でしょう。

要点は、文末を体言止めにしてまとめますが、❶段落の要点は「問いの文」なので、次のようになります。

「こまには、どんなしゅるいがあり、どんな楽しみ方ができるのか」

もちろんこの一文は例にすぎません。ここまでで述べた要素が含まれていれば、多少違っていても問題ありません。子どもたちから出てきた言葉を使って表現することを大切にします。

このように、❶段落で要点をまとめる方法を全員で学んだら、❷段落以降は自分の力でまとめていきます。（上の図参照）

その後は、まとめた要点をもとに主語連鎖をとらえたり、文章全体を３つに分けたりします。

この用語から活用できること

各形式段落の要点は、文末の言葉に注目することで、意味段落のまとまりを見つけやすくし、「はじめ・なか・おわり」といった基本三部構成をとらえることに活用できます。また、「段落の主語」「意味段落・主語連鎖」との関連も、「要点」をとらえることに活用することができます。

【物語でいえば「あらすじ」】

要約《ようやく》

文章全体のあらましをまとめること。要点を段落相互の関係に沿ってつなぐことで、要約することができる。

●関連用語：具体と抽象 p.22　問いと答え p.24　意味段落 p.28
段落相互の関係 p.30　要点 p.34　要旨 p.38

要約をするには、「問いと答え」や「具体と抽象」を正しくとらえることが大切。

「要約」とは要点をつないで文章化すること

文章全体のあらましをまとめることを「要約」といいます。

文章を読んだとき、すべての文字を読み、すべての語句の意味がわかったとしても、それだけではその文章を理解したとはいえません。

述べられている事例や具体と抽象を整理しながら読み、文章を全体としてとらえ、筆者の主張を正しくつかむことができてはじめて、その文章の内容を理解したということができるのです。

「要約」とは、各段落の「要点」を、「段落相互の関係」を考えてつないだもので、文章全体の構成をとらえ、「要点」をつないで文章化することです。文章を理解するとは、その文章を「要約」できるようになることでもあるのです。

「要約」するには、下の表のような３つの方法があります。

これらに共通していることは、「問いと答え」の具体の部分と「要旨（または主張）」の抽象の部分を正しくとらえなくてはならないということです。それは、この２つが、説明文を構成している最も大切な要素であるからです。

「要約」は、この２つの要素を正しくとらえる活動だといえます。

要約する3つの方法

各段落の要点をつなげる	要旨（または主張）を述べてから説明する	一文で書く
要約するときの基本的な方法	要旨（筆者の主張や結論）をふまえて簡潔にまとめる方法	文章全体をまるごととらえる方法
①それぞれの段落に書かれた内容を読み取り、「要点」をまとめる。 ②それぞれの段落がどのようにつながっているのかを整理する。 ③文章全体の構成をとらえ、どんな問いがどんな内容で解決し、どんな主張が述べられているのかをとらえる。 ④必要な「要点」をつなげて「要約」する。	①「問いと答え」、「要旨（または主張）」をとらえる。 ②具体と抽象で述べられた文章の中から、具体の部分を除き、抽象の部分を使って短くまとめる。	①説明文の特徴として最終段落に筆者の要旨（または主張）があるという原理・原則を活用し、「～（主張内容・まとめ）することが大切である」の部分について考える。 ②「～（事例・具体例）によって」の部分に何を入れるのかを考えていく。 （具体例と筆者の主張の関係は最も大切にする。）

教材に見る「要約」

世界にほこる和紙

【意味段落の要点】

第1段落（❶❷段落）
機械で作られた洋紙にはない和紙のよさを知ってもらい、「使ってほしい」

第2段落（❸❹❺❻段落）
洋紙よりも長いせんいでできていて、おだやかなかんきょうで作られているため、やぶれにくく、長もちする「和紙」

第3段落（❼❽❾段落）
受け取る相手や伝えたい気持ちに合わせたり、相手への気持ちを表したりする「使い方」

第4段落（❿段落）
世界にほこる和紙を、生活の中で選び、「使ってほしい」

「世界にほこる和紙」 増田　勝彦（光村図書『国語』令和２年度４年下）

意味段落の要点をつなげて「要約」する

「**世界にほこる和紙**」を要約します。

まず、全体をとらえるために、各意味段落の要点をおさえると、上の図のようになります。これをもとに、「各段落の要点をつなげる」方法で要約してみます。

【要点をつなげた要約】

わたしたちの生活では、機械で作られた洋紙を多く使うようになりましたが、日本のぎじゅつによって作られた和紙もあります。そこで、洋紙にはない和紙のよさを知ってもらい、使ってほしいと考えています。

まず、和紙はやぶれにくく、長もちするというとくちょうがあります。和紙は、せんいの長さや作り方のちがいによって、洋紙よりもやぶれにくく長もちします。このとくちょうをいかして、和紙は国内外で広く使われています。

つぎに、使い方です。受け取る相手や伝えたい気持ちに合わせて和紙を選ぶ使い方ができます。さらに、相手への気持ちを表すために和紙を選んで使うこともできます。

このように、和紙のもつよさと、使う紙を選ぶわたしたちの気持ちによって、長い間、世界にほこる和紙が使われ続けてきました。みなさんにも、生活の中で使ってほしいと思います。

要点の文末「使ってほしい」「和紙」「使い方」の３つをそれぞれの段落にして、要約できました。

主張を述べてから説明する方法で「要約」する

このように、意味段落の要点をつなげた左の文章は「要約」した文としてはやや長すぎます。

そこで今度は、「主張を述べてから説明する」方法で要約してみます。

説明文の主張は、問いと答えの関係からとらえることができます。この文章には明確な「問い」の文がありませんが、題名を使うと「『世界にほこる和紙』とは何か」という問いをつくることができます。そしてそれに対する「答え」は、❿段落の「和紙のもつよさと、使う紙を選ぶわたしたちの気持ちによって、長い間、和紙は作られ、さまざまなところで使われ続けてきたのだと、わたしは考えています。」です。

このことから、主張を表す❿段落を中心に、要約します。

このとき、頭括型、尾括型、双括型のいずれの文型で書いても構いませんが、文型を意識して書くことで、論点がぶれない要約をすることができます。「頭括型」を用いて要約した一例を紹介します。

筆者は、和紙は、洋紙にはない和紙のよさと、使う紙を選ぶわたしたちの気持ちによって、長い間、作られ、使われ続けてきたと主張しています。それは、このことを知り、世界にほこる和紙を選んで、生活の中で使ってほしいからです。

【抽象の中からまとめる】

要旨《ようし》

文章全体の中で、筆者が述べようとする内容や考えの、中心となる事柄。
筆者の主張がある場合は、主張を抽象化したもの。

●関連用語：基本三部構成（説明文）p.18　基本三文型 p.20
具体と抽象 p.22　主題 p.50　くり返し p.92
文末表現 p.100

「要旨」とは、単に最後の段落を短くまとめたものではない。

「要旨」のまとめ方

「要旨」とは、文章全体の中で筆者が述べようとする内容や考えの中心となる事柄のことです。

「要旨」は、次のようにしてまとめます。

①文章全体の構成から、筆者の主張のある段落を見つける。
②筆者の主張のある段落の中にある「具体」を表す文と「抽象」を表す文を読み分ける。
③「抽象」を表す文から、筆者の主張につながる言葉・文を抜き出す。
④それらの言葉・文をつなげてまとめる。

「要旨」をまとめることは、単に、最後の段落を短くまとめることではありません。

文章のある部分だけを取りあげるのではなく、まず、全体を通してどのように文章が構成されているかを正確に読み、文章全体の構成から、中心となる筆者の主張がどの段落にあるのかをとらえることが必要です。

「筆者の主張のある段落」を「具体」と「抽象」からとらえる

説明文は、「具体」と「抽象」とに読み分けることができます。要旨は「抽象」の部分に書かれていますが、筆者の主張も「抽象」の部分に書かれています。

説明文の筆者は、「主張」をわかりやすく伝えるために、「抽象」だけでなく、具体的な事柄をあげて文章を書いていきます。この部分が「具体」となります。

したがって、文章全体を「具体」が書かれている部分と「抽象」が書かれている部分とに大きく読み分けることで、筆者の主張のある段落を見つけることができます。

なお、筆者の主張は、その説明文の「結論」でもあるので、「主張」が、〈はじめ〉〈なか〉〈おわり〉のどこに書かれているかをつかむことによって、その説明文の基本三文型（頭括型、尾括型、双括型）をとらえることができます。

「くり返し」や「文末表現」に注目する

筆者の主張が書かれている段落を見つけたら、その段落から「具体」が書かれた文を除き、「抽象」で書かれた文を残します。

「抽象」で書かれた文には、筆者の考えが強く表現されているので、その文には、

・文章全体で「くり返し使われている言葉・文」がある。
・意見を示す文末「～である」「～のである」で表現されている。

――などの特徴が見られます。これらを手がかりにして「抽象」で書かれた文を見分け、「抽象」を表す文から、筆者の主張につながる言葉・文を抜き出し、これらの言葉・文をつなげることによって、要旨をまとめることができます。

教材に見る「要旨」

はじめ
話題提示
❶、❷段落
現在、森林がほとんどない、モアイ像で有名なイースター島。

なか
問い
❸段落
イースター島の森林は、なぜ、どのようにして失われたのか。

答え
❹～❼段落
ほ乳動物がいなかった島に、ポリネシア人が持ち込んだラットが野生化。
❽～⓱段落
さまざまな目的で、切り開かれた森林。
⓲～⓴段落
野生化したラットによって、実が食べつくされたヤシの木の森林。
㉑段落
わずか千二百年ほどで、ほぼ完ぺきに破壊された森林。
㉒～㉔段落
森林が失われた後のイースター島。

まとめ・主張
㉕、㉖段落
ひとたび自然の利用方法を誤ると、生態系は傷つき、文化も人々の心もあれ果ててしまう。

おわり
要旨
㉗段落
人類の存続は、子孫に深く思いをめぐらす文化を早急に築けるかどうかにかかっている。

具体（イースター島に関わる内容）　抽象

「イースター島にはなぜ森林がないのか」 鷲谷 いづみ（東京書籍『新しい国語』令和２年度６年）

「具体」と「抽象」を読み分け
筆者の「主張」を見つけ、「要旨」をまとめる

「**イースター島にはなぜ森林がないのか**」の要旨をまとめます。

この説明文は、「イースター島の森林は、なぜ、どのように失われたのか。」を「問い」として、その「答え」を説明しています。さらに最後の段落で、その「答え」をふまえて、筆者の主張が述べられています。

まず、文章全体の構成をとらえるために、各段落の要点を整理していきます。❶～㉔段落は、イースター島の森林についての説明となり、「具体」ととらえることができます。

㉕、㉖段落は、「まとめ・主張」の段落なので、「抽象」ととらえがちです。そこで、㉗段落を読み、内容の違いを比べてみます。

すると、㉗段落は、イースター島に関わる内容には触れられていないことがわかります。

つまり、㉕、㉖段落は「具体」のまとめ、㉗段落は文章全体における「抽象」だとわかり、筆者の「主張」をふまえた「要旨」となります。

このことから、この説明文は、大きなまとまりとして、「具体」と「抽象」の２部構成となっていることがわかります。

このようにして、筆者の「主張」を見つけることができたら、それをもとに「要旨」をまとめます。

㉗段落の筆者の「主張」から「要旨」をまとめると、「今後の人類の存続は、むしろ、子孫に深く思いをめぐらす文化を早急に築けるかどうかにかかっているのではないだろうか。」となります。

この用語から活用できること

「要旨」をまとめるにあたっては、中学年で学んだ段落ごとの「要点」をとらえる力と「要約」する力が必要になります。そして、「要旨」をとらえることによって、筆者の見方や考え方に対しての意見文を書くときにも活用することができます。

また、この「要旨」は、物語に当てはめると、作品の「主題」だといえます。「要旨」を明らかにすることは、物語の「主題」を表現することと同じだといえます。

【正しく読み分けることが大切】

意見《いけん》・理由《りゆう》・事実《じじつ》

文章に書かれている事柄や役割の、区別の仕方の1つ。

- **意見…筆者の判断や考え。**
- **理由…意見の根拠や目的。**
- **事実…意見や理由の土台となる客観的な事象や出来事。**

●関連用語：段落相互の関係 p.30　事例の順序 p.44　接続語 p.98　文末表現 p.100

各段落が「意見」「理由」「真実」のどの役割を果たしているかをとらえると、段落同士の関係をつかみやすくなる。

「意見」「理由」「事実」の読み分け方

「意見」「理由」「事実」は、それぞれ互いに関係性をもっています。「意見」を述べるためには「理由」が必要になり、その「意見」や「理由」の根拠となる「事実」について示すことも必要となります。

説明文などを読むときには、「意見」「理由」「事実」を読み分けることで、段落ごとの関係を整理し、結論への道筋をとらえることができます。

文章構成をつかむときにも、各段落が「意見」「理由」「事実」のうちのどの役割を果たしているのかをとらえると、段落同士の関係をつかみやすくなります。

「意見」「理由」「事実」を読み分ける方法はいくつかあります。まず、文末表現に着目する方法です。

意見	「…と考えます。」（考察）
	「…が大切です。」（意義）
理由	「…だからです。」（根拠）
	「…のためです。」（目的）
事実	「…ことがわかります。」（結果）
	「…しています。」（事象）

また、接続語など文頭の言葉に着目することも大切です。例えば、「このように」で始まる文章は、事実をまとめて内容を抽象化するので、最終的な「意見」を述べるためのまとめや、「理由」になっていることもあります。

「意見」「理由」「事実」の順序

「意見」「理由」「事実」の順序には、いくつかの型があります。

《帰納的に述べる型》

結論を導くために、「事実→理由→意見」の順に述べる。

（例）地球の温暖化が進んでいる。二酸化炭素の排出量が増えているからだ。石油や石炭の使用量を減らすべきだ。

《演繹的に述べる型》

意見を先に出して、あとから事実や理由を述べる。

（例）石油や石炭の使用量を減らすべきだ。二酸化炭素の排出量が増えており、地球の温暖化が進んでいる。

《意見を積み重ねていく型》

いくつかの意見を積み重ねて、結論的な意見へ導く。

（例）生態系を壊すような開発は避けるべきだ。温暖化を食い止めるために石油や石炭の使用量を減らすべきだ。私たちは、持続可能な社会を実現するためにもっと努力すべきだ。

1つの意味段落が、その段落の役割と同じ役割の文だけでできているとは限りません。「意見」の段落の中に、「理由を表す文」や「事実を表す文」が含まれていることもあります。各文の役割にとらわれすぎず、段落全体としての役割をとらえることが大切です。

教材に見る「意見・理由・事実」

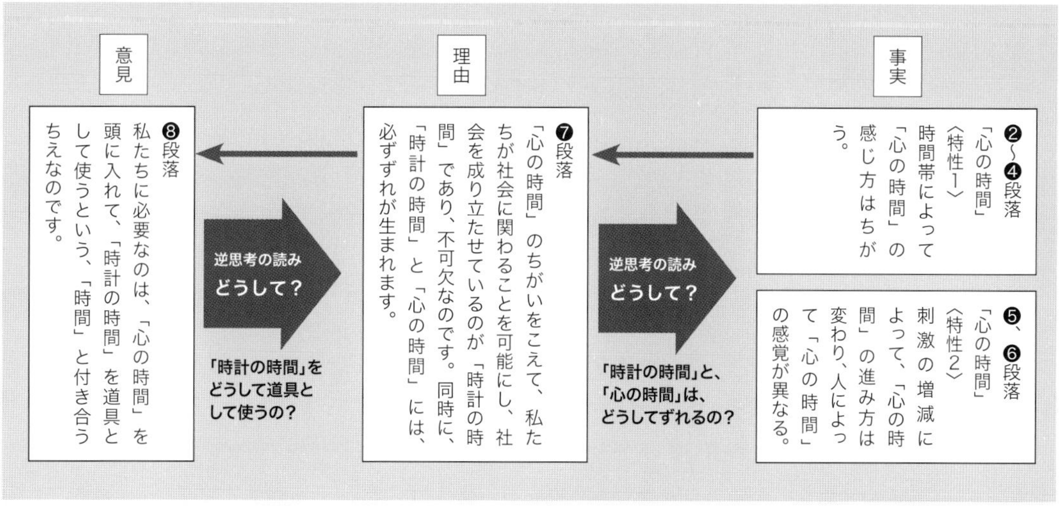

「時計の時間と心の時間」 一川　誠（光村図書『国語』令和２年度６年）

逆思考の読みで「意見」・「理由」・「事実」をとらえる

「**時計の時間と心の時間**」は、逆思考の読みをして、意見・理由・事実の例を整理していくことで、全体がとらえやすい構造となっています。

まず、最終的な「意見」は、❽段落「私たちに必要なのは、『心の時間』を頭に入れて、『時計の時間』を道具として使うという、『時間』と付き合うちえなのです。」であることをおさえます。これを読みの軸として「問い」を作りながら、逆思考で読み取っていきます。

❽段落の「意見」から「問い」を作ると、「心の時間を頭に入れて、時計の時間を、どうして道具として使うのだろうか」になります。その答えは、❼段落に書かれています。

❼段落に書かれた「答え」は、❽段落の「意見」を支える「理由」になっています。

次に、今度は❼段落から「問い」を作ると、「時計の時間と心の時間にずれが生まれるのはどうしてなのだろうか」となり、その答えは、❷〜❻段落に書かれています。これは、❼段落の「理由」を裏づける「事実」です。

このようにして、筆者の主張は、❽段落に書かれている「私たちに必要なのは、『心の時間』を頭に入れて、『時計の時間』を道具として使うという、『時間』と付き合うちえ」ということであり、その理由が❼段落に書かれてあり、根拠となる事実が❷〜❻段落にあげられていることが読み取れます。

❷〜❻段落にあげられている事実を、正確に読み取るためには、段落を構成する文の「具体と抽象」に着目させます。この関係を見つける場合にも「問い」を作ると効果的です。「問い」は、段落内の抽象を使い、具体で「答え」ます。

【問い】→抽象

「心の時間」の特性とはどんなものだろうか。

【答え】→具体

・集中しているときは短く感じ、集中しにくくなると長く感じる。

・刺激が少ないと短く感じ、多いと長く感じる。

この用語から活用できること

「意見」「理由」「事実」は、説明文を構成する基本的な要素なので、この３つを整理して読み取ることは、「主張」「事例」「問いと答え」「具体と抽象」などをとらえることにつながります。

【「違い」に着目するか、「類似点」に着目するか】

対比《たいひ》
類比《るいひ》

［対比］２つの事柄を並べ合わせて、それぞれの違いや、特徴を明らかにすること。

［類比］２つの事柄について、類似点を示したうえで、一方の特徴がもう一方にも見られるはずだと推しはかること。

●関連用語：基本三文型 p.20　文章構成図 p.32　事例の順序 p.44

「対比」「類比」をとらえることで、筆者の主張や意図したねらいが見えてくる。

説明文に多い「比較」の文章

説明文には、「比較」を用いて書かれることが多く見られます。いくつかの事柄を比較しながら伝えたいことを強調し、わかりやすくしています。

比較には、「対比」と「類比」があります。「対比」も「類比」も、「比べること」を通して、強調されるものをはっきりさせるためのものですが、下のような違いがあります。

	比較の内容	比較の目的
対比	①複数の事柄を比べて、それぞれの違いをはっきりさせる。	アとイの違いから、アの特徴を強調する。
	②複数の事柄を比べて、それぞれの共通点をはっきりさせる。	アとイの共通の特徴を強調する。
類比	同種のものを比べることで、似ている点からほかのことを推しはかる。	アとイに共通点があることを根拠として、アの特徴をイももっていることを強調する。

「対比」は、事柄の「違い」を示すことで伝えたいことを強調し、「類比」は、事柄の「類似点」を示すことで伝えたいことを強調します。

「比較して読む」方法

文章を「比較して読む」ことは、それぞれの文章の本質を読んでいくことになります。「比較して読む」方法には、次のような内容が考えられます。

《書かれている内容を読み比べる》

何と何を比較しているか、その比較からどんなことを述べようとしているのかを考えながら読んでいきます。説明文の授業では、もっとも多い授業展開になります。

《複数の説明文を読み比べる》

①文型の違う説明文を読み比べる

説明の述べ方を比較します。例えば、頭括型と尾括型の文章を比較して、結論の述べ方の違いを学習し、説明文を書く活動に発展させることができます。

②同じような話題や題材を説明した説明文を読み比べる

説明の仕方や述べ方を比較した読みによって、筆者の意図を読むことができます。

このように、対比と類比を活用した読みによって、筆者の主張をとらえることができるようになります。

教材に見る「対比　類比」

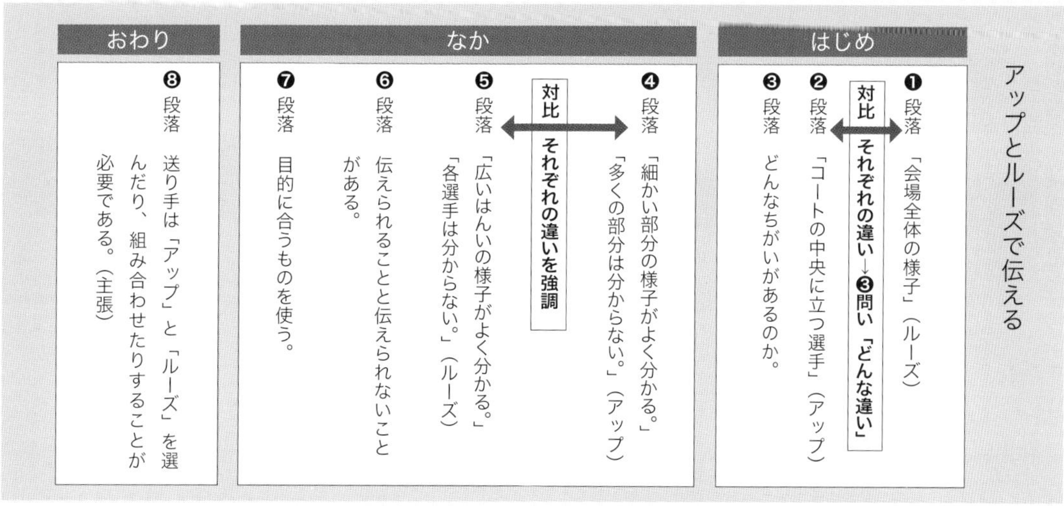

「アップとルーズで伝える」 中谷　日出（光村図書『国語』令和2年度４年上）

「対比」をとらえることで主張をつかむ

「**アップとルーズで伝える**」は、対比を効果的に用いて筆者の考えを明確にしながら論を展開している、わかりやすい文章です。

まず、「説明文を３つに分ける」という課題をもとに、段落の構成をとらえていきます。

構成をとらえるには、それぞれの段落の関係を図や表で整理して読んでいくことが効果的です。

何を比較しているかを明確にしながら整理することで、筆者が何を主張しようとしているかを明らかにしていきます。

まず、❶段落と❷段落は、ルーズとアップを説明した「対比」の関係にあることがわかります。テレビ画面の事例を用いて、ルーズとアップの違いを明確にしています。そして❸段落は、❶、❷段落をまとめながら、改めて「どんなちがいがあるのか。」という問いの段落の役割を果たしているので、❸段階までが〈はじめ〉だとわかります。

次に、❹段落は「アップ」を、❺段落は「ルーズ」を、それぞれの伝わり方の違いを明確にしながら「対比」の効果を使って説明していることがわかります。

❻、❼段落は、テレビカメラや新聞紙面の写真などの事例を用いて、アップとルーズを説明しています。この２つの段落は、アップとルーズのそれぞれの特性を活かした活用の事例を比較させながら、説明していることになります。

ここで子どもたちは、〈おわり〉がどの段落からかという点で、ズレが生じます。❹段落と❺段落の対比に対する❻、❼段落のまとめを、「文章全体のまとめ」ととらえてしまいやすいからです。

しかし、❽段落では事例は用いられることがなく、「ある部分を細かく伝える『アップ』と、広いはんいの様子を伝える『ルーズ』」と、❼段落までの対比によって強調されたことを、抽象的な言葉を用いてまとめ直しています。そして、「あなたの伝えたいことをより分かりやすく、受け手に届けることができるはずです。」という筆者の考え（主張）で結ばれています。

このように、「具体を用いた❼段落まで」と、「それらを抽象でまとめている❽段落」ととらえることで、３つに分ける課題を解決し、筆者の主張をつかむことができます。

この用語から活用できること

多くの説明文が「対比」や「類比」を用いた展開で書かれています。各段落にどんな内容が書かれているかをとらえるためには、要点をおさえる必要があります。そして、それぞれの事例や意味段落が「対比」や「類比」の関係にあるのかを、文章構成図に整理することで、筆者の考え（主張）を正しくとらえることができます。

【並べ方にも筆者の意図がある】

事例《じれい》の順序《じゅんじょ》

筆者が、その文章を通して伝えたいことを、最も効果的に伝えるための工夫の1つ。

●関連用語：具体と抽象 p.22　文章構成図 p.32　対比 p.42
類比 p.42　接続語 p.98　表現技法と効果 p.102

「どうしてこの順序なの？」の問いから、筆者の主張にせまることができる。

「事例の順序」から筆者の意図をとらえる

説明文では、筆者は事例をあげながら主張を説明していきますが、どのような事例を取りあげるかということだけでなく、その事例をどのような順序に並べるかということにも、筆者の意図が表れます。

筆者が事例をあげる場合の順序には、下の表のようなものがあります。

授業では、どんな事例があげられているかを順に読んでいくだけではなく、どのような順序で述べられているのか、その順序で述べられている理由は何か、についても考えながら読むことが大切です。複雑な構成になる高学年の教材では、より読み手を意識した筆者の工夫への意図が「事例の順序」に表されています。

特に、数多くの事例があげられている説明文では、それぞれの事例がどのような特徴や役割を担っているのかを読み取り、関係づけて整理することが大切になります。

授業では、「どうしてこの順序なの？」という問いによって、筆者の主張にせまるきっかけをつくることもできます。

どんな事例なのか、どんな順序なのかを整理しながら読むことは、全体の文章構成をとらえることになります。

また、それぞれの事例が、筆者の主張との関係でどんな役割を果たしているかをとらえるうえでも、事例の順序が大切なのです。

順序の種類	特徴など
時間的順序	「春夏秋冬」や「朝昼夕」など、時間の経過にともなって説明している。
事柄の順序	接続語が有効に使われている。接続語の効果と合わせて、順序をとらえていくことが大切。また、作り方や実験観察の手順を説明しているものもある。低学年の教材に多く見られる。
簡単なものから、複雑なものの順	読み手の興味関心を引きつけながら説明していくという、相乗効果を生み出している。
一般的なものから、特殊なものの順	
身近なものから、意外なものの順	
具体的なものから、抽象的なものの順	抽象的に述べられている筆者の主張を、具体的な事例をあげながら説明している。

教材に見る「事例の順序」

簡単から複雑・難しい

話題提示	問いの文	なにが	どこに	特徴	どのように	
うみには、いきものが　かくれて　います。	なにが、どのように　かくれて　いるのでしょうか。					
		はまぐり	すなの　なか	大きくて　つよい　あし	すなの　なかに　あしを　のばして、すばやく　もぐって　かくれます。	もぐる
		たこ	うみの　そこ	からだの　いろを　かえる　ことが　できます。	まわりと　おなじ　いろに　なって、じぶんの　からだを　かくします。	いろを　かえる
		もくずしょい	いわの　ちかく	はさみで、かいそうなどを　小さく　きる　ことが　できます。	かいそうなどを　からだに　つけて、かいそうに　へんしんするのです。	へんしんする

「うみのかくれんぼ」編集委員会（光村図書『こくご』令和2年度1年上）

「事例の順序」を問いにする

「**うみのかくれんぼ**」は、子どもたちにとっても身近な「かくれんぼ」を題名にした、興味関心を引きつける題材を扱った説明文です。

「なにが、どのようにかくれているのでしょうか。」という全体を貫く「問い」に対して、「はまぐり」「たこ」「もくずしょい」の３つの事例で答える文章構成は、比較的読み取りやすいものだといえます。

前単元の説明文「**くちばし**」むらた　こういち（光村図書『こくご』令和2年度1年上）では、「どうして、くちばしの形が違うのだろう。」という課題から、順に、事例を比べながら読み取りました。そこで、「うみのかくれんぼ」では、「どうして、この順序で説明されているのでしょうか。」という問いにします。

子どもたちからは、「有名な生き物の順」「隠れ方の順」「見つかりにくい順」など、さまざまな考えが出され、ズレが生じます。

そこで、それぞれの隠れ方の特徴を本文と写真から読み比べていきます。このとき、説明されている順序に注目させるために、上のように、表で読むことが効果的になります。このような表で読むことによって、子どもが自分から比べ読みをするようになります。ただし、本文を表にまとめること自体が学習の目的ではない点については注意が必要です。

表にまとめてみると、「はまぐり」「たこ」は、自分の体の特徴を使って隠れているのに対し、「もくずしょい」は、自分のはさみで海藻を切り、体につけて海藻に変身する（化ける）ことで隠れていることがわかります。

このことから、説明される「事例の順序」に着目することによって、特徴を強調したり、複雑さをより明確にしたりする効果があることがわかります。

この用語から活用できること

「事例の順序」に注目することで、意味段落を整理することができ、文章の全体構造をとらえることができます。そして、「事例」と「筆者の主張」の関係を読むときにも役立たせることができます。

白石範孝の
国語コラム

文章をまるごととらえる

国語の学習で、教材を読むときに大切なことは、「文章全体をまるごととらえる」ということです。

説明文であっても物語や詩であっても、書き手は、その文章全体によって、自分が伝えたかったこと、表したかったことを述べています。

説明文は、段落ごとの役割や段落同士の関係をとらえないと、筆者がその文章によって何を伝えたかったのかがわかりません。物語では、作品の設定や伏線などをとらえることによって、作者が描きたかった世界が浮かび上がってきます。

段落ごと、場面ごとに読むのではなく、文章全体をまるごととらえる読みをすることの必要性が、そこにあるのです。

ではなぜ、説明文も物語も、文章全体を〈はじめ〉〈なか〉〈おわり〉の３つに分けて、構成をとらえるのでしょうか。

例として、焼き鳥を食べるときのことを考えてみましょう。串にささっている肉やネギをばらし、1つずつ食べたのでは、ただ肉やネギを別々に食べたことと変わりません。かといって、これらを一度に口に入れ、丸のみしたらどうでしょう。胃には入りますが、味も歯ごたえもわかりません。これでは「味わった」ことにはなりません。やはり、肉やネギをちょうどいい量ずつ口に入れながら、味のハーモニーを楽しむことができてはじめて、その焼き鳥のおいしさがわかるというものです。

文章を読むことも同じです。その文章がどのような構造・構成で述べられているのか、各段落や、取りあげている事例がどのような関係になっているのか、その「ハーモニー」をとらえないと、文章全体を理解することはできません。

でも、いくら「まるごととらえることが大切」だといっても、文章の最初から最後までを、ただ単に通して読むだけでは、その文章をうまく理解することはできません。それでは「文章の丸のみ」になってしまうのです。

第2章
物語・詩の用語

【3つに分けるためのカギをさがす】

物語の
基本三部構成《きほんさんぶこうせい》
はじめ・なか・おわり

物語をまるごととらえるために、〈はじめ〉〈なか〉〈おわり〉の３つの部分に分けて構成を把握すること。

●関連用語：基本三部構成（説明文）p.18　中心人物 p.54
変容 p.58　出来事 p.60　山場 p.62　設定 p.66

「３つに分けたときの区切りを見つけること」が目的ではない。

物語を「基本三部構成」でとらえる

物語を大きく３つに分けると、物語全体をとらえやすくなります。作品の本質（主題など）は、物語全体を３つに分けることで見えてきます。

授業においては、物語を場面ごとに読んで積み重ねていくのではなく、全体をまるごととらえることが大切です。なぜなら、物語とは中心人物の変容を描いたものであり、物語の冒頭から結末まですべての文が関係し合って、物語を構成しているからです。場面ごとにばらばらに読んでいたのでは、その関係性が見えてきません。

では、物語の全体をまるごととらえるにはどうしたらいいのでしょう。実は、物語も説明文と同様、〈はじめ〉〈なか〉〈おわり〉という３つの部分に分けてみると、物語の展開などがとらえやすくなるのです。そのうえで、それぞれの場面、それぞれの文が、その物語の中でどのような役割を果たしているのかをとらえながら読んでいくことが大切です。

着眼点	はじめ	なか	おわり	作品例
中心人物の変容	設定（変容前）	山場（変容中）	結末（変容後）	ごんぎつね
時の流れ	説明	描写「ある日」以降)	説明	かさこじぞう
人物	いる（いない）	いない（いる）	いる（いない）	白いぼうし
時代	現在	過去	現在	
視点	三人称客観（一人称）	三人称限定	三人称客観（一人称）	やまなし
ファンタジー	現実	非現実	現実	注文の多い料理店

物語を3つに分けるときの着眼点

下の図は、「中心人物の変容」を図に表したものです。物語は、中心人物が＋の方向か、－の方向のどちらかに変容します。＋の方向への変容とは、「中心人物の願いがかなったことによる変化」、－の方向への変容とは、「中心人物の願いがかなわなかったことによる変化」です。

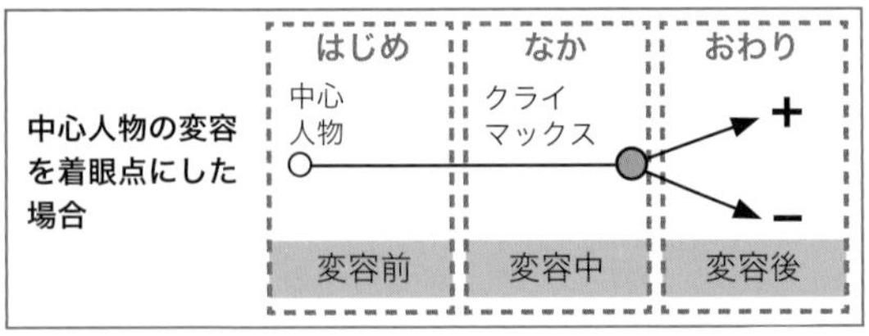

物語を３つの部分に分けるには、この「中心人物の変容」をもとにするのがもっとも合理的だといえます。ただし、「中心人物の変容」以外の着眼点を使ってはいけないとか、「中心人物の変容」以外の着眼点では物語を３つに分けることができないというわけではありません。それぞれの物語の特徴に応じて、何に着眼して物語を３つに分けるのが適切かを判断することが大切です（左の表を参照)。着眼点が異なれば３つに分ける際の区切りも異なります。

なお、物語を大きく３つに分けるときに大切なことは、「どこが区切りなのか」を厳密にとらえることではありません。目的と手段を取り違えないよう、注意が必要です。

教材に見る「物語の基本三部構成」

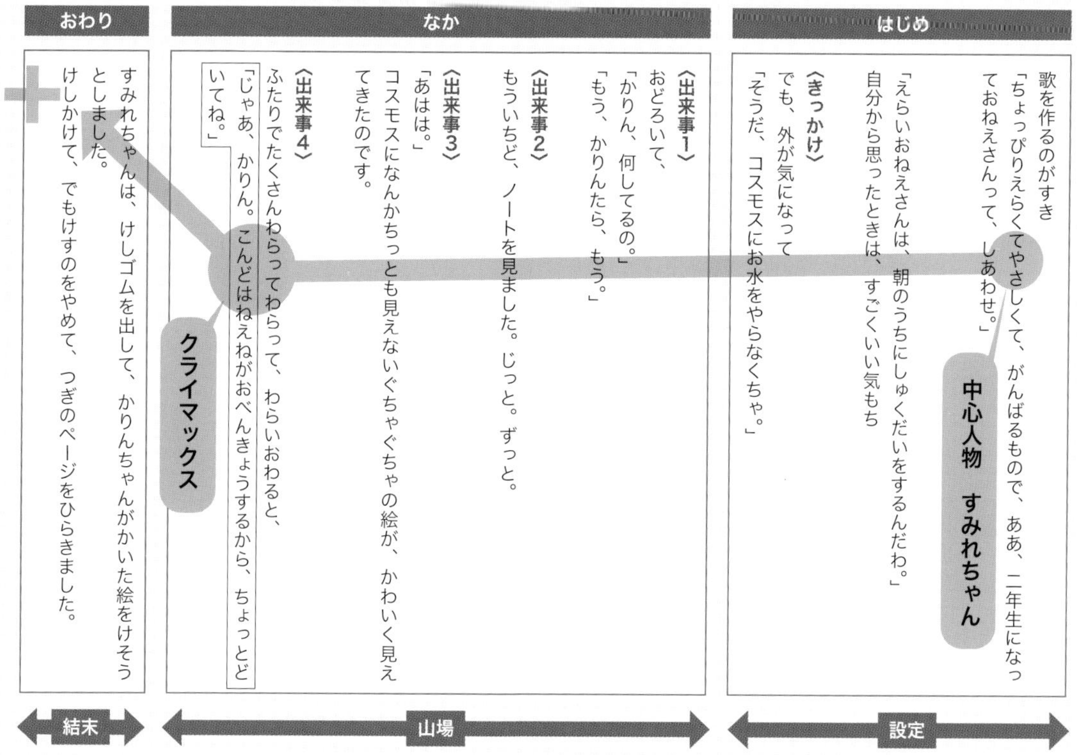

「わたしはおねえさん」 いしい　むつみ（光村図書『こくご』令和２年度２年下）

「中心人物の変容」を着眼点に物語を大きく3つに分ける

「**わたしはおねえさん**」は、中心人物「すみれちゃん」の成長を描いた物語です。つまり、中心人物の変容を描いた典型的な作品といえます。この特徴をとらえて、「中心人物の変容」を基本三部構成の着眼点として物語を大きく３つに分けます。

物語を〈はじめ〉〈なか〉〈おわり〉の３つに分けたことで、次のことが見えてきます。

「じゃあ、かりん。こんどはねえねがおべんきょうするから、ちょっとどいてね。」という、中心人物・すみれちゃんの会話文が、〈設定〉の「ちょっぴりえらくてやさしくて、がんばる」というおねえさん像と見事に重なるのです。つまり、この会話文は、中心人物の願いがかなった一文であるといえます。

このことから、この会話文をクライマックスと位置づけます。すると、「おねえさんになるということは、ときには我慢を強いるものである」といった作品の主題も見えてきます。

「基本三部構成」から単元の言語活動を考える

基本三部構成から大まかに中心人物の変容をとらえると、単元で取り組む言語活動も考えやすくなります。

この物語の〈設定〉には、すみれちゃんは歌を作るのがすきとあります。そこで、「物語の最後にすみれちゃんが歌を作ったとしたら、どんな歌を作るのだろうか」と子どもに投げかけ、詩を創作するという言語活動が考えられます。

単元の最初の授業で一人ひとりがすみれちゃんになりきって、作品の冒頭の詩をまねて、物語の最後の詩を創作します。単元の終わりの授業にも同じ活動をします。すると子どもは、自分の創作した詩の内容が変化したことに気づきます。単元の前後で創作した詩の違いから、子どもはこの学習で何を学んだかを改めて認識することができるのです。

【作品に、客観的に流れるテーマ】

主題《しゅだい》

物語の作者が、その作品を通じて描こうとしたこと。中心人物の変容点(クライマックス)やその原因を、抽象化してとらえる。

●関連用語：中心人物 p.54　変容 p.58　出来事 p.60
クライマックス p.64　題名 p.90

その物語の中の因果関係を抽象化し、「人は、」という書き出しでまとめる。

「主題」とは何か

本書では、「主題」とは、文章によって客観的に語られるもので、中心人物の言動を中心にして表現されながらも、「『文章の中の言葉』としては登場しないもの」ととらえています。

一方、「『主題』とは何なのか」ということに関しては、「その作品を読んだ読者一人ひとりがもつテーマであり、主題は読者自身に任されるもの」ととらえ、上記のように定義することにはそぐわないという考え方もあります。

もちろん、「読書としての読み」であれば、物語から自由にイメージをふくらませ、感想をもったり、メッセージを感じ取ったりしても構いません。しかし、「国語の授業における読み」でそれを行えば授業が拡散し、子どもたちの学びの具体的な内容があいまいになってしまいます。

本書はあくまでも「授業」を念頭におき、「子どもたちだれもが、共通にとらえられる」ことを根拠として意見を交換したり、話し合ったりすることを大切にしています。国語の授業における共通の根拠は、そこに書かれていること、すなわち「叙述」にほかなりません。

これらのことから本書では、前述のような考え方をしています。

「主題」をとらえる手がかり

①クライマックス

物語では、「中心人物が、どんなきっかけによって、どのように変容したか」に、作者からのメッセージが含まれています。中心人物の言葉や言動の中に「主題」に結びつくものが含まれており、「クライマックス」を中心として語られています。したがって、中心人物の変容点であるクライマックスの一文を確定することによって、作品の「主題」をとらえることができます。

②こだわり

「こだわり」とは、中心人物がその作品を通してもち続けた思い・願いです。

「こだわり」は多くの場合、ある言葉がくり返されることによって表現されています。くり返される言葉がそのまま「こだわり」を伝えている作品もあれば、くり返される言葉が「こだわり」に結びつく作品もあります。

③象徴

三人称客観視点の作品などでは、中心人物の心情が語られないものもあります。その場合は、変容がとらえにくいので、「象徴」に着目します。題名や作品の中のキーワードに着目し、それが何を象徴しているかを作品の因果関係から想像することによって、作品の「主題」をとらえていきます。

「主題」のまとめ方

「主題」は、「人は、…」という書き出しにすると、表現しやすくなります。「主題」とは物語の中の世界だけでなく、一般的な価値観を表すものだからです。

作品に出てくる固有名詞や具体的な出来事を使わず、作品の因果関係を抽象化して一般的な言葉を使って表現します。

教材に見る「主題」

はじめ

小さな谷川の底を写した、二枚の青い幻灯です。

なか

五月

かわせみ
↓青光りのまるでぎらぎらする鉄砲だまのようなもの
↓白いかばの花びら
↓こわい
・クラムボンは死んだよ
・悪いことをしているんだよ

⇔ 対比

十二月

やまなし
↓黒い丸い大きなもの
↓月光のにじがもかもか集まりました
↓いいにおい
・いいにおいでいっぱいでした
・おどるようにして

おわり

私の幻灯は、これでおしまいであります。

・「私」…作者　宮沢賢治
・「の」…理想とする、想像する、考える
・「幻灯」…世界

「やまなし」宮沢　賢治（光村図書『国語』令和２年度６年）

作品の構造から「主題」をとらえる

「**やまなし**」は、〈はじめ〉の「小さな谷川の底を写した、二枚の青い幻灯です。」と、〈おわり〉の「私の幻灯は、これでおしまいであります。」が「私」の一人称視点、それらにはさまれた「五月」と「十二月」は、「二ひきのかにの子どもら」が視点人物の三人称限定視点で構成されています。

子どもたちに、「私」はだれかとたずねると、多くの子どもは作者である宮沢賢治と答えます。それを受けて、「私の幻灯」の「の」の意味を問います。

「の」を別の言葉で言い換えると、「理想とする」「想像する」「考える」のように表現できます。ここから、作者・宮沢賢治の理想とする世界が、「五月」と「十二月」に描かれていることがわかります。

ここから、「宮沢賢治が理想とする世界とはどんな世界だろう」という問いが生まれます。

「五月」と「十二月」の二枚の幻灯が対比構造を成していることに気づくと、子どもは二枚の幻灯の共通点と相違点を探し始めます。この二枚の幻灯に、賢治のどのような世界が表れているかを見てみます。

> ◆「五月」の世界
> 「笑っている」クラムボンの中に魚が現れることによって、「殺された」という状況になる。その魚がかわせみが現れたことにより「こわい所」に行ってしまう。この様子は、幼いかにの兄弟に「こわい」という恐怖を与える。

> ◆「十二月」の世界
> やまなしがかわせみと同じように侵入者として現れるが、「いいにおい」「おいしいお酒」というように、他者に幸せを与える存在として描かれる。

「かわせみ」と「やまなし」には、「天上から落ちてくる」という共通点があります。その共通点に着目すると、かにの子どもらに与える影響の違いが見えてきます。

「かわせみ」が魚の命を奪う死の恐怖を与えたのに対し、「やまなし」は自らの死をもって安らぎや希望を与えます。この「かわせみ」と「やまなし」が何を象徴しているのかを考えることで、作品の「主題」に近づくことができます。

題名が、「かわせみ」ではなく「やまなし」であることから、賢治の理想とする世界は、「やまなし」にあると考えられます。「かわせみ」が「生を他者に奪われる死」を象徴するのに対して、「やまなし」が「生を全うした死」を象徴しているととらえると、この作品の「主題」は、

> 人は、他者に命を奪われることなく、寿命を全うして死を迎えることで、他者を幸せにすることができる。

のように表現することができます。

【物語の展開上、必要な人物】

登場人物《とうじょうじんぶつ》

物語に登場する人物のこと。
人のように話したり、動いたり、考えたりと自分の意志で行動していれば、人間以外の生き物や無生物であっても登場人物として扱う。

●関連用語：中心人物 p.54　対人物 p.56　人物関係図 p.56
変容 p.58

「登場人物はだれか」を読みの観点としてもつことで、共通の土俵に立つ。

「登場人物」とは

物語には展開上、さまざまな「人物」が登場します。物語は人物同士の関係によって、成り立っているといっていいでしょう。「登場人物はだれか」を考えることは、中心人物や対人物をとらえるきっかけにもなります。

登場人物をとらえることは簡単そうに思えますが、実は意外に難しいのです。

物語には最初から最後まで登場する人物もいれば、ある一場面だけに登場する人物もいます。中には、名前だけが登場するという人物もいます。

一方、人間以外の生き物や、楽器などのモノ、風などの自然現象が、人格をもって語られることもあります。では、これらはすべて登場人物といっていいのでしょうか。

登場人物とは「人のように話したり、動いたり、考えたりと、自分の意志で行動する人物（動物などを含む）」です。物語の中で、人のように話したり、動いたり、考えたりと、自分の意志で行動していれば、人間でなくても「登場人物」なのです。反対に、名前だけが出てくるような人物は、人間であっても登場人物とはいえません。

「登場人物はだれか」を読みの観点として、教師も児童ももち合わせておくことで、共通の土俵に立つことができます。

「登場人物」かどうかがわからないときに

このように、登場人物か否かの判別は、実は簡単ではありません。特に、低学年の子どもには難しく感じることも多いようです。そのままにしておくと、実感を伴うことなく学習が進んでしまうことにもなりかねません。

そういった場合、物語を「劇化」してみると、登場人物かどうかがわかりやすくなります。人間ではなくても、セリフがあり、動いたり考えたりする役ならば「登場人物」といっていいでしょう。

しかし、人間であってもセリフも動きもなく、そもそも舞台にも出てこないとしたら、それは「登場人物」とはいえないことがはっきりとわかります。

「登場人物」同士の関わりと中心人物の変容

中学年や高学年では、登場人物をとらえるだけで終わることはありません。

登場人物の行動や表情、会話などの描写から、どのような人物かがわかる言葉を書き出したり、整理したりすることによって、人物像をとらえます。

また、登場人物同士がどのように関わっているか、関係性を読んでいくことも大切です。それが中心人物の変容と密接に関わっていることがあるからです。

なお、物語によっては、たくさんの人物が登場することがあります。国語の学習においては、すべての登場人物を同じように扱っていく必要はありません。物語の展開の中でどの程度重要な役割を担っているのか、中心人物の変容にどの程度影響を与えているのかなどの視点で判断し、扱いに軽重をつけることができます。

教材に見る「登場人物」

おとうとねずみチロ

◆登場人物は？

〈方法1〉場面ごとに、出てくる人物をとらえる

・おとうとねずみチロ
・にいさんねずみ
・ねえさんねずみ
・おばあちゃん

〈方法2〉自分の意志で話したり、動いたりしているかをとらえる

えっ、人間は出てきていないよ。

おばあちゃんは入るの？

「　」を見ると、おばあちゃんの会話文はないね。

●登場人物とは？

・物語の場面に登場する人物
・人のように話したり、動いたり、考えたりと、自分の意志で行動する人物
（動物などを含む）

「おとうとねずみチロ」 もりやま みやこ（東京書籍『新しい国語』令和２年度東書１年下）

会話文の有無から「登場人物」か否かを判断する

「おとうとねずみチロ」で「登場人物はだれか」をとらえさせると、子どもたちから、次のような疑問が出てきます。

「ねずみは出てくるけれど、人間は出てこないから登場人物はいないんじゃないかな？」

「チロとにいさんねずみ、ねえさんねずみは登場人物だと思うけれど、おばあちゃんは登場人物といっていいの？」

そこで、登場人物をとらえる方法を示して考えていきます。まず､場面ごとにどんな人物（動物）が登場しているのかを読み取っていきます。ここでは人間以外のものも登場人物になることがあることをおさえます。

ここで着目するのが会話文です。かぎかっこ（「　」）を手がかりとしながら、だれのセリフかを明らかにしていきます。

「ぼくは赤がいいな。」

「わたしは青がすき。」

と、にいさんねずみ、ねえさんねずみには会話文があることをおさえていきます。

「ぼくは赤と青。」

と、おとうとねずみチロにも会話文があることをおさえます。

すると、本文中にはおばあちゃんの会話文が１つもないことがわかります。物語の中で、おばあちゃんという名前は出てくるけれども、会話文がありません。このことから、おばあちゃんは登場人物には含まれないことが確認できます。

「登場人物はだれか」をとらえることは、物語を読むうえでの基礎だといえます。物語は、中心人物の出来事を通しての変容が描かれます。登場人物が明らかになり、その中から中心人物がだれかをとらえることによって、物語のあらすじをつかむことができるようになります。

登場人物から中心人物をとらえ、変容のきっかけとなる出来事を読み、因果関係をとらえる読みが展開されていきます。

【だれの変容が描かれているか】

中心人物《ちゅうしんじんぶつ》

物語の中で、心情や行動が最も大きく変容した登場人物のこと。物語とは、中心人物の変容を描くものだということができる。

●関連用語：登場人物 p.52　対人物 p.56　変容 p.58　語り手 p.74
視点 p.74

「中心人物のこだわり」は、物語の主題に結びついている。

「中心人物」をとらえる方法

中心人物とは、物語の〈はじめ〉の部分での心情や行動が、〈おわり〉の部分で、大きく変わっている人物です。

中心人物に着目することで、中心人物がどのように変わったのか、変わったきっかけは何かなど、変容の因果関係をとらえることができます。

中心人物は、以下の３ステップでとらえることができます。

①登場人物を場面ごとにとらえる。
②登場人物のうち、物語の中で、心情や行動が大きく変わる（変容が大きい）人物をおさえる。
③心情や行動が大きく変わる人物が複数いる場合は、語り手が寄り添う人物を探す。

「中心人物」のこだわり

中心人物の変容が描かれる中で、その変容に大きく関わり、物語で一貫して描かれているのが「中心人物がもち続ける思い・願い」です。これを「中心人物のこだわり」といいます。

物語によっては、中心人物の変容が見えにくいものもあります。その場合、「中心人物のこだわり」をとらえ、そのこだわりに対してどう変わったのかを見ていくと、中心人物の変容がとらえやすくなります。

「中心人物のこだわり」は、次の方法でとらえることができます。

○出来事に着目する
　出来事が起きたとき、中心人物が大切にしたことは何か。中心人物が守ったことは何か。

○くり返しに着目する
　物語の中でくり返されていることは何か。

○伏線に着目する
　中心人物の変容に結びつく伏線には、中心人物のこだわりが関係していることが多い。

○物語の構成（基本構成）に着目する
　ファンタジーなどの物語の構成に、中心人物のこだわりが表れることがある。

○語り手の視点に着目する
　三人称限定視点で語り手が中心人物に寄り添っている場合、物語の描写に中心人物のこだわりが表れることがある。

何のために「中心人物」を特定するのか

「中心人物」の「変容」や「こだわり」は、物語の「主題」と深く関わっています。「主題」が、中心人物の言動によって語られているからです。

「中心人物はだれか」「中心人物はどのようなこだわりをもっているか」「中心人物はどのように変容したか」などをとらえるのは、物語の主題をとらえるためだということができます。

国語の授業においては、「中心人物」を特定すること自体が目的になってしまわないよう、注意が必要です。

教材に見る「中心人物」

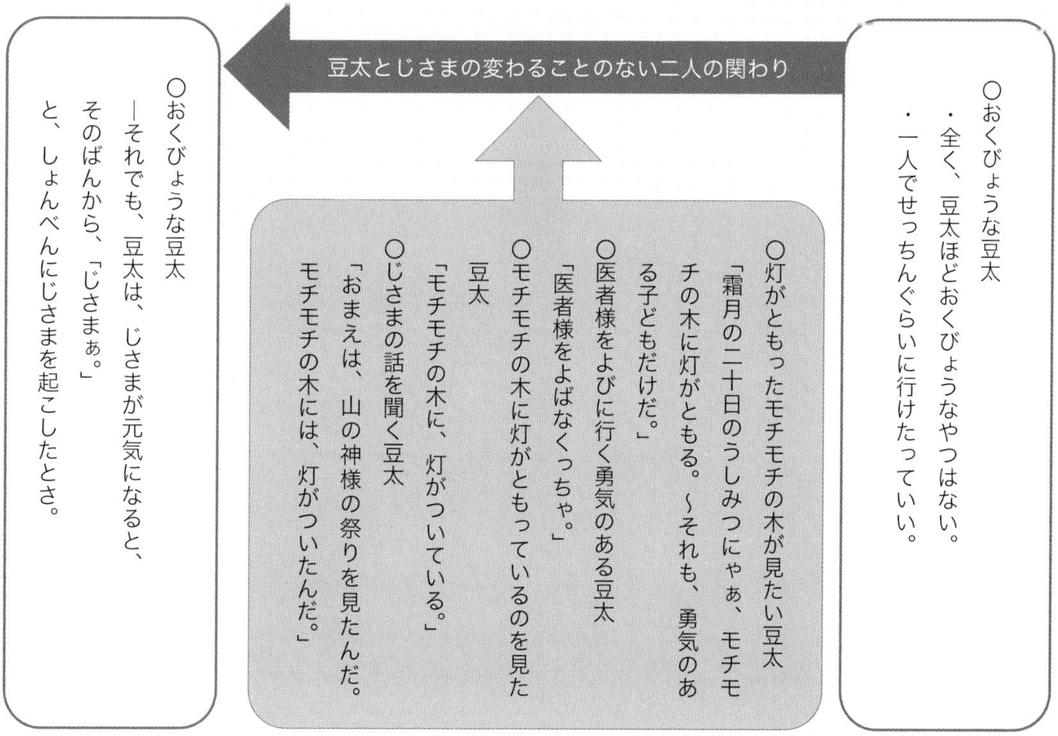

「モチモチの木」 斎藤　隆介（光村図書『国語』令和２年度３年下）

「こだわり」に着目して「中心人物」の変容を読む

「**モチモチの木**」は中心人物の変容がとらえにくい作品の１つです。物語全体を一文で書いてみると、中心人物である豆太が「変わった」ととらえる意見と、「変わっていない」ととらえる意見の２通りが出されます。

そこで、「中心人物のこだわり」に着目することによって、豆太の変容をとらえていきます。

物語の冒頭から中心人物である豆太は「モチモチの木に灯がともっているのを見たいという思い・願い」、つまり「こだわり」をもち続けています。

じさまは「勇気のある子どもだけが灯がついたモチモチの木を見ることができる」と語ります。

そして、豆太は、じさまのために医者様を呼びにいく途中でモチモチの木に灯がともるのを見ることができます。このことから、豆太は「おくびょう」から「勇気のある子ども」へと変容したととらえることができます。

「こだわり」からとらえた変容で主題にせまる

さらに作品の主題へせまっていきます。

最後の「それでも、豆太は、……しょんべんにじさまを起こしたとさ。」という、最初の豆太と「変わらない」部分を取りあげて、「なぜ豆太は医者様を呼びに行くことができたか」を考えます。

すると、「じさまが死んでしまうほうが、もっとこわいことだから、勇気を出して、医者様を呼びに行けた」という、これまでの豆太とじさまの関わりをとらえることができます。

そのうえで「人間、やさしささえあれば、やらなきゃならねえことは、きっとやるもんだ。」というじさまの言葉を意味づける中で、主題にせまることができます。

【中心人物に変容をもたらしたのはだれか】

対人物《たいじんぶつ》
人物関係図《じんぶつかんけいず》

［対人物］物語の中で、中心人物に対して、重要な役割や特別な関係をもつ人物のこと。登場人物だけとは限らない。

［人物関係図］中心人物と対人物を中心に、人物の特徴、人物同士の関係や関わり、関連する出来事や変容を図に表したもの。

●関連用語：登場人物 p.52　中心人物 p.54　変容 p.58

「対人物」を意識することで、中心人物の変容や因果関係がはっきりと見えてくる。

「対人物」とは

対人物とは、物語の中で中心人物に対して、重要な役割や特別な関係をもつ人物です。

物語には、中心人物の変容が描かれています。対人物は中心人物の変容に大きな影響力をもつ存在なので、対人物を明確にしておくことで、中心人物の心情や行動の変化の因果関係をとらえやすくなり、作品の主題がより明確に見えてきます。

ここで注意が必要なのは、登場人物以外の人やもの・ことが対人物になる場合もあるということです。

登場人物の定義にはあてはまらなくても、中心人物の考えや行動を大きく変える存在は、「対人物」となります。

「対人物」と「中心人物」との関係をとらえる

対人物や、対人物と中心人物との関係は、以下の３ステップでとらえることができます。

①登場人物の中から、中心人物に対して影響力をもつ人物をおさえる。

②中心人物の心情や行動を大きく変えさせた人物を対人物とする。

③対人物が中心人物を変容させたのは何か、因果関係を読み取る。

「人物関係図」で「対人物」をとらえる

対人物をとらえることで、中心人物の心情や行動が変化した因果関係を読むことができます。それを視覚化する具体的な方法の１つに人物関係図があります。

人物関係図は、物語の中心人物と対人物を中心に、人物の特徴（人物像）、人物同士の関係や関わり、関連する出来事や変容を図に表したものです。

下の図は**「なまえつけてよ」**の人物関係図です。このような図を描くことによって、中心人物である春花の変容が、勇太から紙で折った小さな馬をもらったことによって起こったことや、牧場のおばさんは対人物ではないことが視覚的に明らかになります。

「なまえつけてよ」の人物関係図

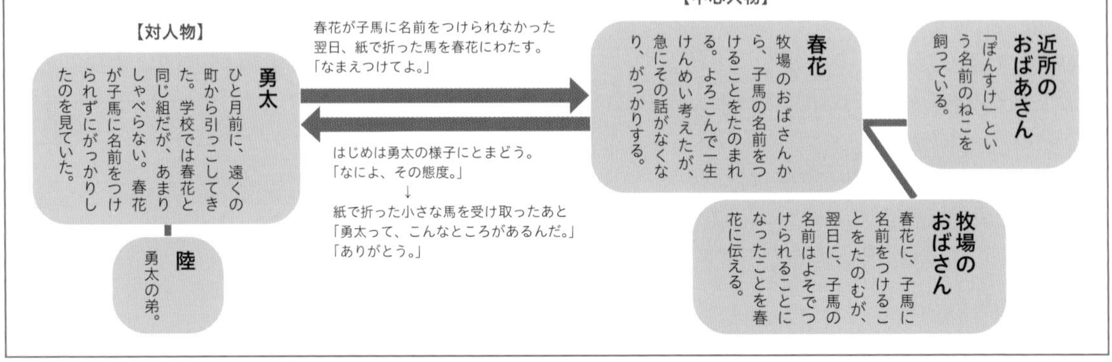

教材に見る「対人物　人物関係図」

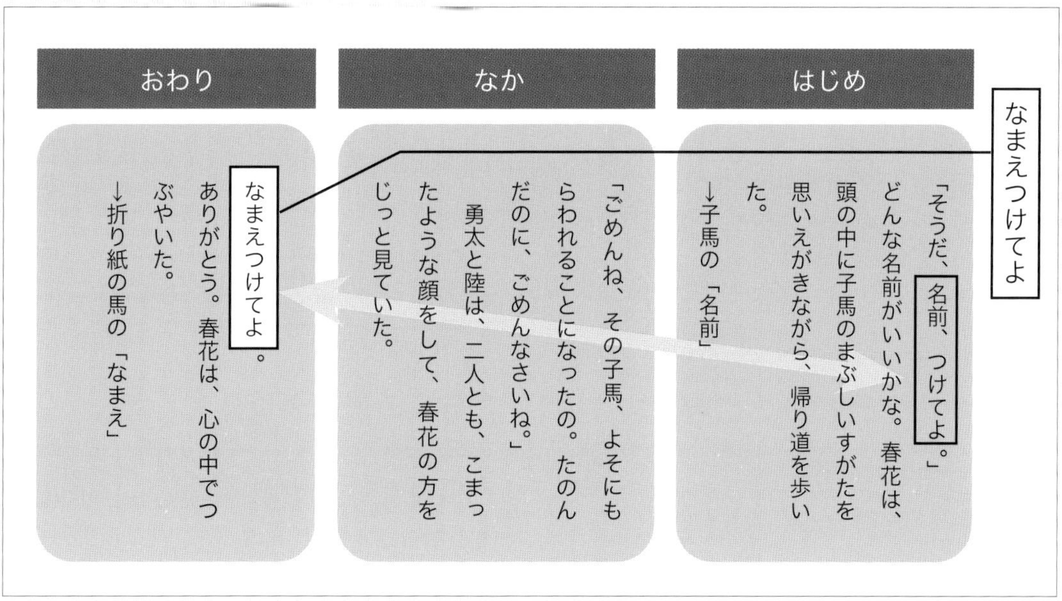

「なまえつけてよ」 蜂飼 耳（光村図書『国語』令和２年度５年）

「対人物」の特定を通して中心人物の変容を読む

「**なまえつけてよ**」の授業で、中心人物の春花は何をきっかけとして、どう変容したのかを見ていきます。中心人物の変容を観点に、どんな出来事を通して、どのように変容していったのか、その因果関係をとらえていきます。

まず、「対人物はだれか」を問います。中心人物の変容に最も大きく関わったのが対人物だからです。しかし、子どもたちの意見は一致しません。子馬、勇太、牧場のおばさんが出され、ズレが生じます。

この物語が、「子馬との出会い」、「勇太との出会い」という２つの出会いから展開されているという教材の特徴があるからです。

この物語の中心人物である春花の変容は、「ありがとう。春花は、心の中でつぶやいた。」からわかる、勇太に対する心情です。その変容のきっかけとなったのは、勇太が春花にわたした折り紙の馬と、そこに書かれた「なまえつけてよ。」という言葉です。

実は、この物語の中には「名前、つけてよ。」という言葉も出てきます。牧場のおばさんの言葉です。「名前」・「なまえ」と漢字と平仮名の表記で書き分けられていることをとらえていきます。

この物語の題名は「名前、つけてよ」ではなく「なまえつけてよ」です。したがって、この物語の主題は、「なまえつけてよ」という言葉と深く関係しているといえます。

「なまえつけてよ」と書いたのは、勇太ですし、それが春花の変容に大きく関わっているので、対人物は勇太であることがわかります。対人物が勇太であることが明らかになることによって、中心人物である春花と対人物・勇太との距離感が場面とともに変化していく様子をとらえることもできるようになります。

このように、対人物はだれなのかを明らかにすることを通して、中心人物の変容を読むことができます。

【物語とは、中心人物の変容を描いたもの】

変容《へんよう》

物語の中における、登場人物の心情やものの見方、考え方などの変化のこと。

●関連用語：中心人物 p.54　対人物 p.56　出来事 p.60

「中心人物のこだわり」に着目すると、「変容」の過程が見えてくる。

中心人物の「変容」と「こだわり」

物語は、「中心人物が、出来事をきっかけとして変化すること」を描いたものだといえます。この中心人物の変化を「変容」といい、次のようなものがあります。

・「悲しい」「うれしい」など、心情が変わる。
・悩んでいたことが解消する（または、より深く悩む）。
・希望や目標がかなう（またはかなわない）。
・対人物などに対する見方が変わる。
・自分の価値観や生き方が変わる。

「変容」は、中心人物の「こだわり」とも深く関わっています。物語は、「中心人物がこだわり続けたもの・こと」が、作品の根底を貫いているからです。「変容」がとらえにくいときには、中心人物のこだわりに着目します。

「+の方向の変容」とは「こだわり」の成就

変容には、＋の方向の変化（幸せになる）と、－の方向の変化（不幸せになる）とがあります。「＋」とは、「中心人物がこだわり続けたこと」が成就することであり、「－」とはその逆です。

注意が必要なのは、この＋、－は子どもたちがもっている一般的な価値観とは必ずしも一致しないということです。たとえ、中心人物が死を迎えたとしても、「こだわり」が成就されたのであれば、その物語は「ハッピーエンド」といえます。

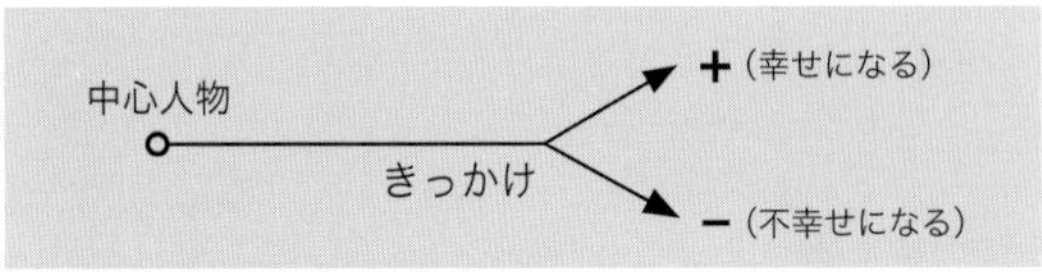

「一文で書く」ことで、物語をまるごととらえる

中心人物の変容の因果関係をとらえるために、物語の内容を「一文で書く」方法が使えます。

「物語を一文で書く」とは、物語を次のような1つの文で表すことで、作品をまるごと読むことにつながります。

□が、□によって、□する（になる）話。

- 物語の中心人物を主語とする。
- 中心人物の心を変える出来事。対人物が大きく関わっていることが多い。また、題名に使われている言葉が関係することもある。
- 中心人物がどのように変化したかを表現する。

「～する（になる）話」の部分のまとめ方

《低学年》「よいお正月を迎えることができました。」など、作品の結末にある言葉をそのまま書き出させるとわかりやすくなります。

《中学年》　中心人物の変容が作品のテーマになっているので、変容前と変容後の中心人物の心情をおさえた一文にさせます。

《高学年》　作品の結末の言葉を抽象的な言い方で表現させます。作品の中の言葉から離れ、「成長」「友情」など、一般化していきます。ここにはその作品の主題となる言葉が表現されます。

教材に見る「変容」

【1場面】
〈設定〉ひとりぼっちの小ぎつねで
……ちょいと、いたずらがしたくなったのです。

【2場面】
「……ちょっ、あんないたずらをしなけりゃよかった。」

【3場面】
「おれと同じ、ひとりぼっちの兵十か。」
ごんは、物置のそばをはなれて、向こうへ行きかけますと
ごんは、うなぎのつぐないに、まず一つ、いいことをしたと思いました。
次の日も、その次の日も、ごんは、くりを拾っては兵十のうちへ持ってきてやりました。

【5場面】
……兵十のかげぼうしをふみふみ行きました。
「へえ、こいつはつまらないな。」

【6場面】
その明くる日も、ごんは、くりを持って、兵十のうちへ出かけました。
兵十は…、ごんを、ドンとうちました。
「ごん、おまい（おまえ）だったのか、いつも、くりをくれたのは。」
ごんは、ぐったりと目をつぶったまま、うなずきました。

「ごんぎつね」新美　南吉（光村図書『国語』令和２年度４年下）

「こだわり」から「変容」を読む

「**ごんぎつね**」は、中心人物「ごん」の変容がとらえにくい作品です。

子どもに、「このお話を一文で書いてごらん。」というと、次のような一文が出てきます。

> いたずらをしていた「ごん」が、兵十のおっかあが死んだことによって、いたずらしたことを後悔してつぐないをするようになった話。

さらに、「ごんが、こだわり続けたことは何？」と聞くと、「つぐないをすること」と出てきます。

このとらえ方は一見よさそうに見えますが、ごんの「こだわり」に着目すると、おかしな点が見えてきます。

ごんが「つぐない」を始めたのは、**【3場面】**からです。ごんは「つぐない」にこだわってはいますが、「つぐない」は作品全体を貫くごんの「こだわり」ではありません。

作品全体を貫く「こだわり」は、**【1場面】**に描かれた設定の１つ「ひとりぼっち」から推測できます。**【3場面】**の「おれと同じ、ひとりぼっちの兵十か。」などからも、「ごん」の「こだわり」は、「ひとりぼっちはさびしい（嫌だ）」だと推測できます。

【6場面】の「ごんは、ぐったりと目をつぶったまま、うなずきました。」からは、「ひとりぼっちではなくなる兆し」が見えます。

「こだわり」に着目することで、「ごん」の変容は、「ひとりぼっちがさびしかったごんが、ひとりぼっちではなくなった（なくなりそう）。」となります。「変容」のきっかけとなる「出来事」は、「兵十にうたれること」です。これをふまえて、一文で書くと、次のようになります。

> ごんが、兵十にうたれることによって、自分がつぐないをしたことを兵十に気づいてもらう話。

「**ごんぎつね**」は、だれが読んでも悲しい話です。しかし、作品の構造は、中心人物であるごんの「こだわり」が成就した（成就する兆しが見えた）ので、「ハッピーエンド」の話ともいえるのです。

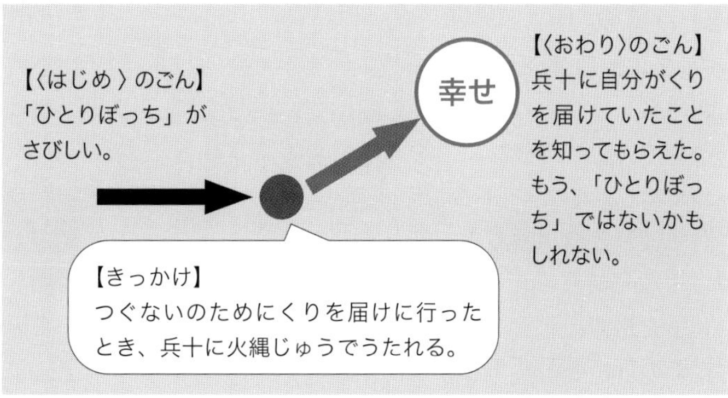

【中心人物は、これで変容する】

出来事《できごと》

物語の中で、中心人物が変容するきっかけとなった事柄。日常会話における出来事という言葉のイメージとは異なる。事件と呼ぶこともある。

●関連用語：中心人物 p.54　変容 p.58　伏線 p.68

その「出来事」が、どうして起きたのか、その因果関係をたどることも大切。

物語の学習における「出来事」

中心人物の変容は、物語に描かれている「出来事」によって引き起こされます。「事件」と呼ぶこともあります。

「出来事」や「事件」というと、大きな物事やトラブルをイメージするかもしれませんが、物語の学習においては、大小を問わず、中心人物の変容に関わっているのであれば「出来事」です。

物語の中で起きる「出来事」は、１つとは限りません。いくつかの「出来事」が起き、そのつながりによって物語が展開していく場合もあります。

「出来事」の因果関係を「逆思考の読み」でとらえる

「出来事」をとらえることで、作品の中の「因果関係」を把握することができます。

因果関係を読むには、物語の最後の出来事から、その出来事が起きた理由・原因などを、

「なぜ～したの？」

「どんなことがきっかけになったの？」

と問い直しながらさかのぼって読んでいく方法が有効です。このような読みを「逆思考の読み」といいます。

例えば**「きつねのおきゃくさま」**では、右上の図のようになります。「逆思考の読み」で物語の出来事を逆にたどることによって、中心人物の変容とその理由をとらえることができます。

「きつねのおきゃくさま」の逆思考の読み

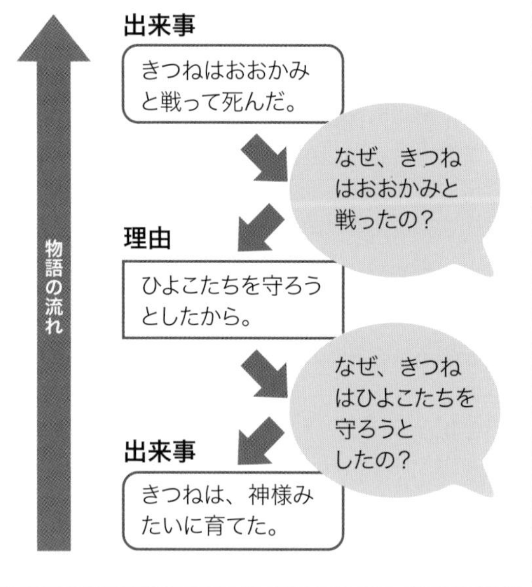

「きつねのおきゃくさま」あまん　きみこ
（教育出版『小学国語』令和２年度２年上）

「出来事」から主題をとらえる

物語の「主題」は、中心人物の「変容」を抽象化・象徴化したものです。

「出来事」は中心人物の変容のきっかけや原因ですから、なぜその「出来事」によって中心人物が変容したのかを明らかにすることが、変容の因果関係を明らかにすることになります。

その因果関係の意味を考えることにより、物語の主題にせまることができます。

教材に見る「出来事」

5

ごんは、**お念仏がすむまで、井戸のそばにしゃがんでいました。**兵十と加助は、またいっしょに帰っていきます。

ごん　兵十たちが出てくるのを待っていた。

ごんは、二人の話を聞こうと思って、ついていきました。**兵十のかげぼうしをふみふみ行きました。**

ごん　兵十に近づき、ずっとついていった。

　お城の前まで来たとき、加助が言いだしました。

「さっきの話は、きっと、そりゃあ、神様のしわざだぞ。」

「えっ。」

兵十　（へんなことを言うなあ。おどろかせるなよ。）

と、兵十はびっくりして、加助の顔を見ました。

「おれはあれからずっと考えていたが、どうも、そりゃ、人間じゃない、神様だ。神様が、おまえがたった一人になったのをあわれに思わっしゃって、いろんな物をめぐんでくださるんだよ。」

「そうかなあ。」

兵十　（ちょっとは、そうかもしれない。）

「そうだとも。だから、毎日、神様にお礼を言うがいいよ。」

「うん。」

兵十　（もしかしたら、そうかもしれない。）

　ごんは、「へえ、こいつはつまらないな。」と思いました。

「おれがくりや松たけを持っていってやるのに、そのおれにはお礼を言わないで、神様にお礼を言うんじゃあ、おれは引き合わないなあ。」

「ごんぎつね」新美　南吉（光村図書『国語』令和２年度４年下）

「ごんぎつね」の第５場面の「出来事」をとらえる

　「**ごんぎつね**」の第５場面の「出来事」は、兵十と加助の会話を、ごんが聞いたことです。

　兵十は、だれかがくりや松たけなどをくれることについて加助から「それは神様のしわざだ」と言われ、はじめは「えっ。」と驚きますが、次第に「そうかなあ。」「うん。」と、納得するようになっていることが、加助への返事の変化から読み取れます。

　これに対してごんは、「おれは引き合わないなあ。」と不満げです。

　この「不満」の理由は、「ごんがなぜ、兵十にくりや松たけを届け続けたのか」ということに関係してきます。

　「**ごんぎつね**」を読んだ子どもたちの多くは「兵十へのつぐないのため」と考えがちです。しかし実際にはそうではないことは、第６場面から読み解いていくことになりますが、実はこの第５場面にもその兆候が表れています。お念仏が済むまで待ち、一緒に帰っていく兵十と加助の会話を聞くために「兵十のかげぼうしをふみふみ行きました。」という行動です。

　かげぼうしをふむことができるのは、ごんが兵十に近づいているから。しかも「ふみふみ」ということから、その近い距離をずっと保ちながらついていったことがわかります。つまり、ごんは単につぐないをしているのではなく、兵十を慕っているのだということが、わかります。

　このことが、第６場面の「その明くる日も、ごんは、くりを持って、兵十のうちへ出かけました。」につながっていくのです。

「出来事」から「変容」を確認することで「主題」をとらえる

　第５場面で兵十と加助の会話を聞くまで、ごんは、くりや松たけを届けているのが自分だということに、兵十が気づいているかどうか、知りませんでした。だから、それを聞くために加助と兵十についていったのでしょう。

　ところが「神様のしわざ」ということにされてしまい「おれは引き合わないなあ。」とがっかりします。

　しかし、その明くる日も、くりを持って、兵十のうちへ出かけたということは、ごんは引き続き兵十を慕っていたといえます。

　物語の冒頭で、兵十にいたずらをしていたのと比べると、ごんの気持ちは大きく変わっています。したがって第５場面の「兵十と加助の会話を、ごんが聞いた」という「出来事」もごんの変容につながっているといえます。

　直接に主題とつながるクライマックスは第６場面ですが、第５場面の「出来事」から「変容」を確認することも、主題をとらえることにつながるのです。

【中心人物はどこで変容したか】

山場《やまば》

物語の中で、中心人物が変容する過程が描かれている部分。

●関連用語：主題 p.50　中心人物 p.54　変容 p.58
出来事 p.60　クライマックス p.64　設定 p.66

「山場をとらえる」ことの目的を明確にもつことが大切。

物語の学習における「山場」

物語の中で中心人物がいちばん変容する部分・点が「クライマックス」ですが、中心人物はこのクライマックスに向けて少しずつ変容していきます。この中心人物が変容していく過程を物語の「山場」といいます。

中心人物の変容に着目して物語の基本三部構成をとらえると、「山場」の部分が〈なか〉となります。

日常会話の中で「山場」というと「ドラマや物語などが盛り上がる部分や場面」のことを表すことが多いでしょう。時にはスポーツの試合で勝敗に大きく関わるプレイや、何らかのプロジェクトの成否を分ける段階などのことを「山場」と呼ぶこともあるようです。

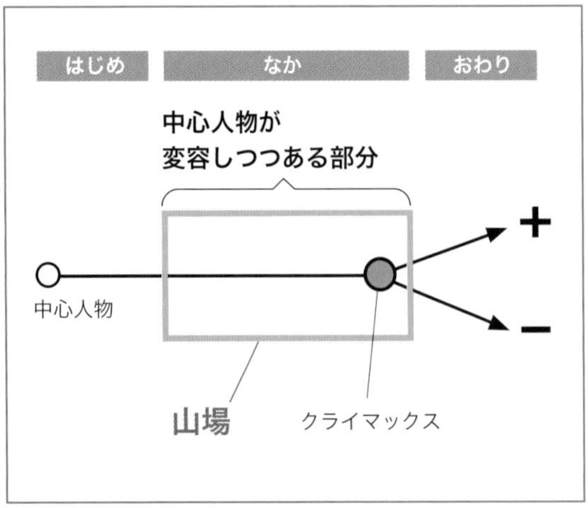

国語の教科書に掲載されている用語の解説では、「山場」を「物語の中で中心人物が大きく変わるところ」ととらえることが多いようです。

ただ、単に「大きく変わるところ」という表現だけだと「大きく」「変わる」の意味があいまいで、子どもによってとらえ方が違ってしまうこともありえます。

そこで本書では、どの物語にも共通して使える「山場」の定義として、「物語の中で、中心人物が変容する過程が描かれている部分」とするのが、もっともわかりやすいと考えます。この定義で「山場」とそれ以外の区別がはっきりします。

「山場をとらえる」目的は
中心人物の「変容」をとらえること

そして何より、「山場をとらえる」ことの目的が明確になります。すなわち、「中心人物が変容しているのはどこからどこまでか」「中心人物はなぜ、どのように変容したのか」をとらえることが、「山場をとらえる」ことの目的となります。

このような定義にすると、物語によっては、日常会話での「山場」のイメージとは異なり、山場が非常に長くなるものもあります。しかし、中心人物がどう変容したのかだけでなく、なぜ変容したのか、どのようなことがきっかけになって変容したのかを読み取ることで、主題にせまる読みに近づいていくのです。中心人物の変容全体が大切であることをおさえるべきでしょう。

教材に見る「山場」

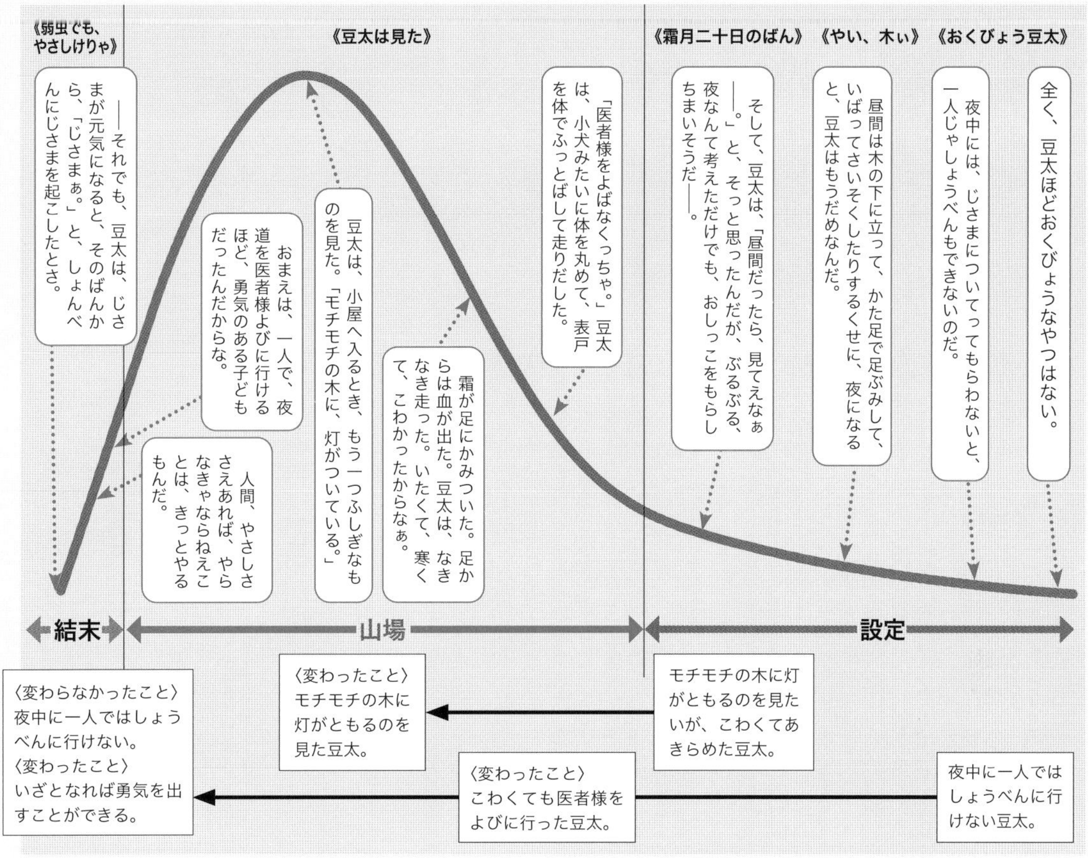

「モチモチの木」斎藤　隆介（光村図書『国語』令和２年度３年下）

「山場」の前後を比較し「変容」をとらえる

「**モチモチの木**」の「お話の図」を描き「山場」を明らかにすることによって、中心人物の豆太の冒頭と結末で変わったこと、変わらなかったことをとらえます。

まず、豆太像の変化がわかる記述を抜き出し、「お話の図」に書き込んでいくと、上の図のようになります。

読み取った豆太像をもとにして、山場の始まりと終わり――つまり、豆太が変容している部分はどこかをとらえます。

次に、物語の変わったことと変わらなかったことについてまとめます。「お話の図」に、冒頭と結末で変わったことについて書き込みます。そして、中心人物の人物像の変容について、「お話の図」をもとに話し合います。

すると、「夜中に一人ではしょうべんに行けない」という豆太のおくびょうさは変わっていません。

しかし、その豆太が、じさまを助けるために、足が痛くて、寒くて、こわかったにもかかわらず、医者様をよびに行くことができたことがわかります。それができたのは、豆太が勇気を出すことができたからです。

このことは、じさまの「おまえは、一人で、夜道を医者様よびに行けるほど、勇気のある子どもだったんだからな。」という言葉にも表れています。じさまは、この出来事を通して豆太が「勇気のある子どもになった」と言っているのではなく、「（もともと）勇気のある子どもだった」と言っていることにも注目すべきでしょう。

つまり、豆太の変容は、「おくびょうな豆太が、勇気のある豆太に変わった」のではなく、「おくびょうな豆太が、いざとなれば勇気を出せるようになった」といえます。だから、結末でも一人でしょうべんに行けないままなのです。

【変容の最終到達点がここにある】

クライマックス

中心人物が最終的に変容する一文のこと。この一文は、中心人物の行動や心情についての描写、または中心人物の会話文である。

●関連用語：主題 p.50　中心人物 p.54　変容 p.58　出来事 p.60　山場 p.62　視点の転換 p.76

「どこで変容したのか」がわからなければ、「どう変容したのか」もわからない。

物語の学習における「クライマックス」

物語の学習における「クライマックス」という用語は、日常会話で使われているイメージとは異なることに注意しなければなりません。

日常会話で「クライマックス」は、劇や物語の中でいちばん盛り上がる場面・シーンなどのことを表している場合が多いようです。

しかし、国語の学習において、物語の「クライマックス」とは、その物語の中で中心人物が最終的にいちばん変容する一文のことです。クライマックスの後と物語の初めとの中心人物の行動や心情の違いが、その物語における中心人物の大きな変容を表しているといえます。

クライマックスは、中心人物が大きく変容したことのわかる一点で、中心人物の行動や心情に関する描写の文か、中心人物の会話文の一文です。「物語の基本図」に表すと、次のようになります。

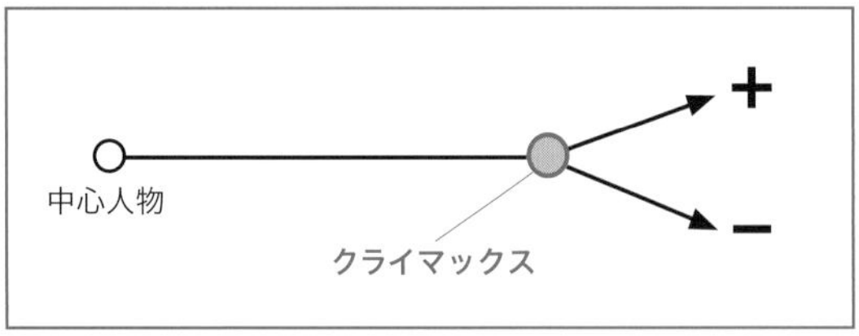

物語によっては、クライマックスが現れた時点で出来事が終了するものもあります。

例えば**「ごんぎつね」**（光村４年下）では、いつもくりをくれたのはごんだったことに気づいた兵十から、「ごん、おまいだったのか……」と声をかけられ、

「ごんは、ぐったりと目をつぶったまま、うなずきました。」

という一文に続きます。この一文がクライマックスであり、同時にここで「出来事」が終了します。

「クライマックス」の4つの特徴

クライマックスには、次のような４つの特徴があります。

①中心人物の心情が大きく変化したところ。
②一文で書きぬくことができる。
③説明の文ではなく、描写の文、または会話文。
④視点の転換のすぐ後にあることが多い。

「クライマックス」を特定する目的

中心人物の変容は、物語の主題と深く関わっています。したがって、中心人物が何によってどのように変容したのか、変容のきっかけをつかむことが、その物語の主題をとらえる上で大きな意味をもっています。「クライマックス」は中心人物がもっとも大きく変容したところなので、「クライマックス」はどこなのか、そして、どんなことが変容のきっかけになっているのかを考えることが、物語の主題をとらえることにつながっていくのです。

「クライマックスを特定すること」自体が目的ではありません。授業において「クライマックス」の一文を特定するだけで終わらないようにすることが大切です。

教材に見る「クライマックス」

語り手の視点

大造じいさん

大造じいさんは、ぐっとじゅうをかたに当て、残雪をねらいました。が、なんと思ったか、再びじゅうを下ろしてしまいました。

残雪

残雪の目には、人間もハヤブサもありませんでした。ただ、救わねばならぬ仲間のすがたがあるだけでした。

いきなり、てきにぶつかっていきました。そして、あの大きな羽で、力いっぱい相手をなぐりつけました。

大造じいさん

不意を打たれて、さすがのハヤブサも、空中でふらふらとよろめきました。が、ハヤブサも、さるものです。さっと体勢を整えると、残雪のむな元に飛びこみました。

…

大造じいさんはかけつけました。

二羽の鳥は、なおも地上ではげしく戦っていました。が、ハヤブサは、人間のすがたをみとめると、急に戦いをやめて、よろめきながら飛び去っていきました。

残雪

残雪は、むねの辺りをくれないにそめて、ぐったりとしていました。しかし、第二のおそろしいてきが近づいたのを感じると、残りの力をふりしぼって、ぐっと長い首を持ち上げました。そして、じいさんを正面からにらみつけました。

大造じいさん

それは、鳥とはいえ、いかにも頭領らしい、堂々たる態度のようでありました。

…

大造じいさんは、強く心を打たれて、ただの鳥に対しているような気がしませんでした。

クライマックスの一文

「大造じいさんとガン」 椋 鳩十（光村図書『国語』令和２年度５年）

2つの方法で「クライマックス」の一文を確かめる

「**大造じいさんとガン**」の「クライマックス」の一文については、

「が、なんと思ったか、再びじゅうを下ろしてしまいました。」

「それは、鳥とはいえ、いかにも頭領らしい、堂々たる態度のようでありました。」

「強く心を打たれて、ただの鳥に対しているような気がしませんでした。」

――の３つのうちのどれかということで、迷うことが多いようです。

そこで、クライマックスについての「中心人物の心情が大きく変化したところ」と、「語り手の視点の転換のすぐ後にあることが多い」という２つの特徴から考えてみます。

まず、中心人物である大造じいさんの「変容」から考えてみます。大造じいさんはここまで残雪に対して、「いまいましく」思っていました。その心情の大きな変化を表しているのは「強く心を打たれて、ただの鳥に対しているような気がしませんでした。」でしょう。したがって、この文がクライマックスの一文と考えられます。

次に「視点の転換」から考えてみます。

上の図は、クライマックスの直前の語り手の視点を表したものです。残雪の視点に変わった後に、大造じいさんに視点が戻り、その後、「強く心を打たれて、ただの鳥に対しているような気がしませんでした。」となります。「視点の転換」の直後という点からもクライマックスの一文がこれであることが確かめられました。

語り手の寄り添い方から「主題」を考える

クライマックスをとらえることから、主題を考える読みを展開してみます。

前述の通り、クライマックスの直前、語り手は残雪に寄り添っています。しかし、完全に残雪に入り込んでいるわけではありません。むしろ、「あの大きな羽で」などの表現からは、大造じいさんの心も見え隠れします。つまり、この視点の転換で語り手は残雪に寄り添ってはいますが、完全に残雪の心に入り込んでいるわけではなく、実は大造じいさんによる目撃シーンであるということになります。

残雪の勇敢な姿を目撃し、その雄姿に心を打たれたことで大造じいさんは大きく変容したことがわかります。

このことから、「大造じいさんが見た残雪像」が、物語の主題を考えるとき、とても重要になってきます。つまり、残雪の勇敢さ、そしてその残雪を永遠のライバルとして感じている猟師としての大造じいさんのプライドを抽象化して表現したものが「主題」となります。

【物語の世界に入るために必要な情報】

設定《せってい》

① 物語世界の土台となる前提や背景、時、場所、人物の性格や特徴などを説明する部分。
② 「基本三部構成」の〈はじめ〉に当たる部分で、中心人物の変容が始まる前の部分。
③ 物語の「伏線」が多くある部分。

●関連用語：基本三部構成（物語）p.48　主題 p.50
中心人物 p.54　変容 p.58　出来事 p.60　伏線 p.68

「設定」をおさえているからこそ、中心人物の変容が読める。

物語の学習における「設定」

物語の前提や背景、中心人物の変容を理解するための情報が「設定」です。「設定」には、次の３つのとらえ方があります。

① 物語世界の土台となる前提や背景、時、場所、人物の性格や特徴などを説明する部分
② 「基本三部構成」の〈はじめ〉に当たる部分で、中心人物の変容が始まる前の部分
③ 物語の「伏線」が多くある部分

①の「設定」は、「時の流れ」を着眼点として物語を３つに分けたときの〈はじめ〉の部分（説明）に当たります。物語の多くは、最初の部分で、物語の土台となる前提や背景、場所、中心人物の性格や特徴、中心人物が置かれている状況などを説明します。その部分が、①の「設定」です。作品によっては、物語の時が流れ始めた後に、回想や出来事の理由づけとして物語の前提や背景を説明するものもあります。

②の「設定」は、「中心人物の変容」を着眼点として物語を３つに分けた時の〈はじめ〉の部分に当たります。物語は、物語の世界の中でいろいろなことが起こり、それがつながって話が展開していきます。本書では、物語の中で「起こったこと」を「出来事」と「きっかけ」に区別しています。「出来事」は、中心人物の変容に直接つながる「起こったこと」を指します。「きっかけ」は、中心人物の特徴を表したり、「出来事」が起こるきっかけとなったりする「起こったこと」を指します。②の「設定」は、①の「設定」を含む、より広い部分になります。

③の「設定」も、物語を３つに分けたときの〈はじめ〉の部分にあることが多いのですが、〈なか〉の部分にあることもあります。

「伏線」は、つながりは見えにくいものの、後に起こることの前提となる情報なので、役割としては「設定」と非常に近いものがあります。

「設定」には「伏線」が張られている

「設定」をとらえることで、なぜ中心人物がそのような行動をとったのか、その理由や根拠を想像しやすくなります。なぜなら、「設定」には、「中心人物は、世間（語り手）からどう見られているか。」「中心人物が、世間や自分自身をどう見ているか。」なども含まれているからです。中心人物は、物語の中で置かれている状況を土台として、判断したり行動したりしているのです。

もう１つ、「設定」をとらえることで見えてくるものに「伏線」があります。「伏線」には、②の「設定」が大きく関わります。クライマックスで中心人物が変容する根拠や理由は、「設定」に書かれていることが多いのです。例えば、**「ごんぎつね」**の「ひとりぼっちの小ぎつね」「ちょっ、あんないたずらをしなけりゃよかった」が「伏線」です。

「設定」をとらえることは、クライマックスの「伏線」をとらえることにつながります。「設定」に書かれた「伏線」は、クライマックスで回収され、作品の「主題」につながっていきます。

教材に見る「設定」

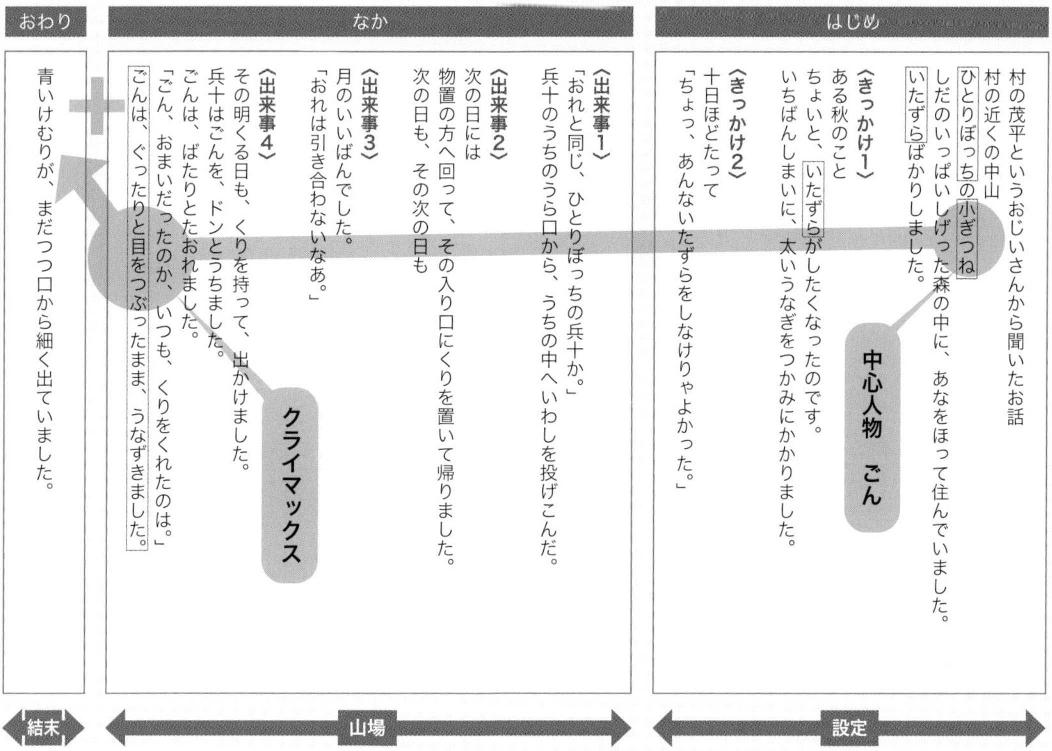

「ごんぎつね」 新美 南吉（光村図書『国語』令和２年度４年下）

「設定」から、中心人物の変容をとらえる

「**ごんぎつね**」の中心人物であるごんの変容を着眼点として、作品を大きく３つに分けてみます。教材分析をするときに、作品を大きく３つに分けて大まかにとらえることはとても大切です。

作品の中には、ごんの変容点が３つあります。

１つ目は、兵十のおっかあが自分のいたずらによってうなぎが食べられないまま死んでいったという思い込みによる後悔。

２つ目は、自分のつぐないの行動を神様のおかげと受け取られてしまう寂しさ。

３つ目は、自分がくりや松たけを持っていっていたことが兵十に伝わった喜び。

この３つのうち、ごんのいちばん大きな変容はどれになるのでしょうか。中心人物がこだわり続けたことは、「設定」の記述から「ひとりぼっちは嫌だ」ととらえることができます。このこだわりが解消したのは、３つ目の「自分がくりや松たけを持っていっていたことが兵十に伝わった喜び」です。これがクライマックスの「ごんは、ぐったりと目をつぶったまま、うなずきました。」につながります。

このように考えると、上の図のように、「きっかけ」と「出来事」が区別されます。上の図からは、「設定」に、中心人物が置かれた状況と「出来事」が起こる「きっかけ」が書かれていることがわかります。物語の中で「起こったこと」であっても、「きっかけ」と「出来事」とでは役割が異なるのです。

「山場」の「出来事」は、「設定」で記述されたごんのこだわりがどのくらい深いものであるかを伝える役割も果たしています。クライマックスでは、「設定」で描かれた「伏線」である「ひとりぼっちの小ぎつね」が回収され、ごんのこだわりが解消されるのです。

【見えないけれど、とても重要な「しかけ」】

伏線《ふくせん》

物語の中で、重要だけれども見えにくい文脈。
一見無関係に思える事柄が、後になってその後の展開に深く関わってくる。
物語の「おもしろさ」と深い関係がある。

●関連用語：中心人物 p.54　変容 p.58　出来事 p.60
クライマックス p.64　設定 p.66　おもしろさ p.70

「伏線」は、中心人物の変容や、物語の主題と深く関わっている。

物語の学習における「伏線」

物語の中では、すべての文脈がひと目でわかるように書いてあるわけではありません。一見、無関係に思える事柄が、後になってその後の物語の展開に深く関わってくることがあります。

この、重要だけれども見えにくい文脈が「伏線」です。「伏線」は、物語の「おもしろさ」と深い関係にあります。

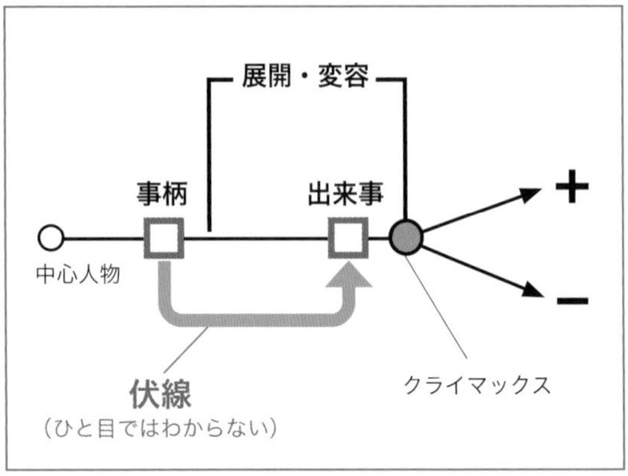

広い意味では、「伏線」はすべて、物語の展開や中心人物の変容のもととなる事柄だともいえます。極端にいえば、物語に描かれていることはクライマックスの一文を除けば、すべて伏線であるというとらえ方もできるかもしれません。

しかし、それでは「伏線」をとらえる意味がなくなってしまいます。

やはり、「それを読んだ時点では中心人物の変容と深く関係しているということに気づきにくく、物語のおもしろさをつくり出しているもの」を、伏線ととらえるべきでしょう。

「伏線」の気づかせ方

「伏線」を見つけることは、中心人物の変容や物語の主題をとらえることにつながります。

子どもたちに伏線の存在に気づかせるためには、「逆思考の読み」（「出来事」p.60 参照）と、ゆさぶりの発問が有効です。「逆思考の読み」によって因果関係を明らかにしたり、設定に関するゆさぶりを発問でしかけたりすると、それまで見えなかった「伏線」を見つけることができます。

2種類の「伏線」

「伏線」は、もととなる事柄がどこに描かれているかによって、2 種類に分けられます。

①「設定」の一部が「伏線」になっている。

中心人物の境遇や環境、特徴という設定が、中心人物の変容と深く関係していることがあります。例えば「**ごんぎつね**」（光村４年下）のごんの「ひとりぼっちの小ぎつね」という設定は、ごんの兵十への思いと深く関わっています。

②中心人物の変容がその後の物語の展開の「伏線」になっている。

その物語の主題に関わる伏線が多く、クライマックスに向けての重要なしかけとなっています。中心人物の変容が、突然のどんでん返しにつながることも多く見られます。

教材に見る「伏線」

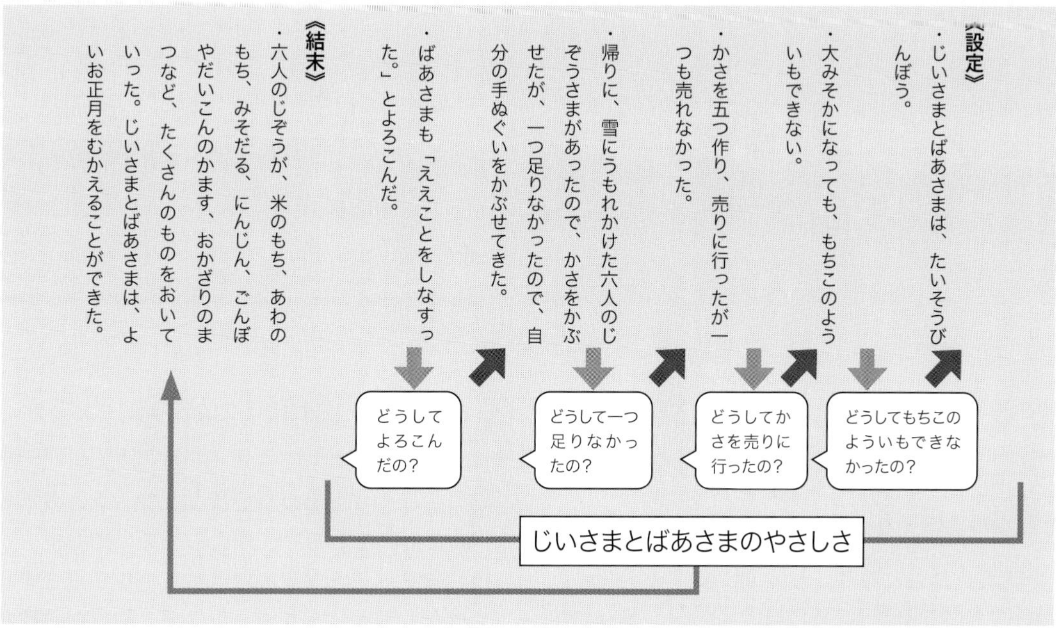

「かさこじぞう」いわさき きょうこ（東京書籍『新しい国語』令和２年度２年下）

「伏線」から物語の「主題」にせまる

「**かさこじぞう**」の伏線を明らかにすることを通じて、この物語の「主題」にせまります。

「伏線」をとらえるために、まず、物語の設定と結末を明確にします。

これらの設定と結末をおさえた上で、「どうしてよいお正月をむかえることができたの？」という問いを投げかけ、物語をさかのぼっていくと上の図のようになります。

こうやって見ていくと、じいさまが自分の手ぬぐいをじぞうさまにかぶせなければならなかったのは、かさが一つ足りなかったからであることが改めて浮き彫りになります。そこで、次の問いで子どもたちにゆさぶりをかけます。

「それだったら、はじめから、かさを六つ作ればよかったのではないの？」

この問いの意図は、「かさだけでなく、自分の手ぬぐいまでじぞうさまにかけてあげることから、じいさまのやさしさがより強調される」ことを、子どもたちに気づかせるためです。

物語の中にこのような関係——つまり「伏線」があること、また、それが物語のおもしろさとも関係していることをおさえます。

この物語には、かさの数だけでなく、さまざまな「伏線」がちりばめられています。

●冒頭での「びんぼう」の強調

→びんぼうなのに、かさや自分の手ぬぐいまでじぞうさまにかぶせたじいさまや、それを「ええこと」というばあさまのやさしさを強調。

→結末の「よいお正月」を強調。

●かさこ五つ作る。

→じぞうさまにかぶせるかさが一つ足りない。

●かさは一つも売れない

→「びんぼう」を強調。

→五人のじぞうさまにはかさをかぶせることができる。

●ひどいふぶきになる。

→じぞうさまが雪にうもれかけ、じいさまが「かさをかぶせてあげよう」という気持ちになる。

→ふぶきなのに自分の手ぬぐいをとってじぞうさまにかけてあげるじいさまのやさしさを強調。

●六人のじぞうさま

→じぞうさまにかぶせるかさが一つ足りない。

これらの「伏線」をもとにして、物語の主題である「じいさまとばあさまのやさしさ」を読むことにつなげていくことができます。

【作者による「しかけ」がカギ】

おもしろさ

読み手の心をかきたてるために、物語の中に仕組まれた設定や構成、語り手の視点などの工夫、技法、演出などの「しかけ」のこと。

●関連用語：登場人物 p.52　出来事 p.60　伏線 p.68　語り手 p.74
視点 p.74　視点の転換 p.76

「おもしろさ」のしかけをひもといていくことが、論理的な読みにつながる。

物語の「おもろしさ」とは

物語の「おもしろさ」とは、いわゆる「おもしろおかしさ」「滑稽さ」のことではなく、作者が、読み手の心をかきたてるために作品の中に仕組んだしかけや、織り込んだ演出のことです。

作品の「おもしろさ」に気づき、そのしかけをひもといていくことが、論理的な深い読みにつながります。

物語の「おもしろさ」を分類すると、次の５つがあります。

・内容のおもしろさ
・表現のおもしろさ
・構造のおもしろさ
・視点のおもしろさ
・作者の意図を知るおもしろさ

おもしろさを味わわせることで、子どもたちが作者と対話をしたり、作者の思想に関心をもったりします。それが読書意欲にもつながります。

また、おもしろさのしかけが、教材の論理となり、指導事項になるのです。

どうやって「おもしろさ」に気づかせるか

「おもしろさ」は作者が物語の中に織り込んだものではありますが、読み手がそれに「おもしろさ」を感じるかどうかは人によって違い、画一的なものではありません。

国語の授業においては、どうしてそれをおもしろいと感じるのか、あるいは感じないのか……という感想の共有こそ、物語を論理的に読むきっかけにもなります。そのためにも、子どもの感想や反応を、教材の論理に価値づける作業が必要になるのです。

内容のおもしろさ	表現のおもしろさ	構造のおもしろさ	視点のおもしろさ	作者の意図を知るおもしろさ
・登場人物の人柄、人物像のおもしろさ ・結末のおもしろさ ・展開のおもしろさ ・結末のわからないおもしろさ ・どんでん返しのおもしろさ ・自分でできないことが経験できるおもしろさ ・人物の変容や出来事のきっかけをさぐって読むおもしろさ ・知らない世界があるおもしろさ	・民話の語り口のおもしろさ ・心情表現、情景表現のおもしろさ ・象徴表現のおもしろさ ・くり返しのおもしろさ	・額縁構造のおもしろさ ・現実と非現実の２つの世界が存在するおもしろさ ・作者と読み手しか知らないおもしろさ	・語り手が寄り添う人物から、作品世界の人物を眺めて読むおもしろさ ・視点の転換により、見えるものと見えないものが入れ替わるおもしろさ	・作品のからくりから作者の意図を知るおもしろさ ・作者と読み手の関係から作品のからくりを解釈するおもしろさ ・作者と読み手の関係をさぐって読むおもしろさ

教材に見る「おもしろさ」

	町の看板	町の人々	アヒル	家の戸	おまわりさん	王子様
変化の前	これよりガヤガヤの都 世界でいちばんやかましい町	口を開けば、わめくか、どなるかした。 自分たちの町が世界でいちばんやかましいことが自まん。	やかましい声でクワックワッと鳴く。	大きな音を立ててバタンバタンとしまる。	けたたましい音でピーッと笛をふく。	大人よりずっとやかましい音を立てる。 やかましい音が好き。 わがまま。
↓	〔クライマックスの一文〕　十五秒前……十秒前……五秒前……三、二、一、それっ！ ↓ 全くのちんもく					
変化の後	ようこそ、ガヤガヤの都へ 世界でいちばん静かな町	静かに話す。 自分たちの町が、世界でいちばん静かで平和だということが自まん。	やわらかな声でクワクワと鳴く。	音を立てずにすっとしまる。	やさしくそっと笛をふく。	静けさと落ち着きがすっかり気に入った。

「世界でいちばんやかましい音」ベンジャミン・エルキン文　松岡 享子訳　（東京書籍『新しい国語』令和２年度５年）

どんでん返しの「おもしろさ」

「**世界でいちばんやかましい音**」のおもしろさは、内容のおもしろさの中の１つである、どんでん返しのおもしろさです。「これよりガヤガヤの都　世界でいちばんやかましい町」が、一組の夫婦の思いつきを発端として、「ようこそ、ガヤガヤの都へ　世界でいちばん静かな町」になります。

どんでん返しは、変化が大きいほどおもしろく、また、どんでん返しにかかる時間が短ければ短いほど変化が際立ち、おもしろさが増します。一瞬にして大きく変わるほどおもしろいといえます。

この「おもしろさ」をとらえるために、比較を大切にして読んでいきます。「町の看板」「町の人々」「アヒル」「家の戸」「おまわりさん」そして「王子様」について、どんでん返しの前後を比べてみると、上の表のようになります。また、それを「お話の図（お話のお山）」としてまとめたものが、右の図です。

世界でいちばんやかましい音が始まるはずだった瞬間に、「全くのちんもく」という正反対の結果が起きました。まさに「どんでん返し」です。その直前にある「秒読みの一文」が、この物語のクライマックスの一文といえるでしょう。

では、この物語で最も大きく変容した「中心人物」はだれでしょう。町の人々も、アヒルも、家の戸も、おまわりさんも、王子様も、みんな変容しています。

しかし、クライマックスの一文の直後、「全くのちんもく」によって変わったのは王子様だけです。王子様以外は、王子様が静けさと落ち着きがすっかり気に入ったことをきっかけとして、変わったのです。このことから、中心人物は王子様であることがはっきりします。

このように、物語のおもしろさをとらえる読みからクライマックスの一文を特定し、中心人物を明らかにすることもできるのです。

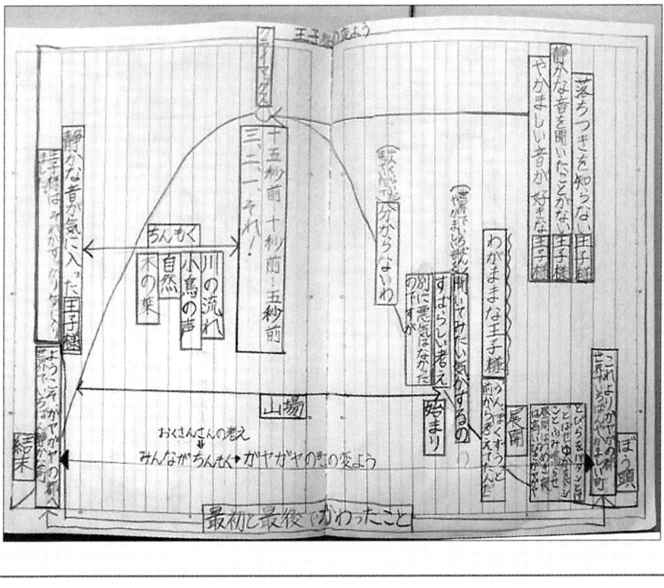

【紙芝居で絵がかわるところ】

場面《ばめん》

物語を、時、場所、視点、登場人物などの基準で分けたときの、ひとまとまりの部分。作品によって、場面に分ける基準は異なる。

●関連用語：登場人物 p.52　中心人物 p.54　変容 p.58　視点 p.74

「場面」に分けることで、中心人物の変容や、物語の因果関係をとらえることができる。

「場面」に分けることの効果

物語は、いくつかの「場面」がつながって展開されています。物語の展開を追うためには、場面の区切りや変化をとらえる必要があります。

物語を「場面」に分けることによって、それぞれの場面の役割をとらえることができます。

場面の役割が見えてくると、次の２つがとらえやすくなります。

１つ目は、中心人物の「変容」です。

中心人物の「変容」は、「場面」と「場面」の比較からとらえます。それぞれの場面の役割が見えてくることによって、中心人物がどのように変容したかがわかりやすくなります。

２つ目は、作品の因果関係です。

「なぜ、この『場面』が存在するのか」を考えることは、場面間の因果関係をつかむことにつながります。場面間の因果関係がわかると、中心人物の行動の意図や目的をとらえることができます。

「場面」に分けるときの基準

物語を「場面」に分けるときには、ただ何となく分けるのではなく、基準（着眼点）を定めます。

「場面」に分けるときの基準には、「時」「場所」「視点」「登場人物（登場するもの）」などがあります。

１つの物語を「場面」に分けるときには、どれか１つの基準を定めて分けなければなりません。複数の基準で「場面」に分けてしまうと、異なる分け方が混在してしまい、中心人物の変容や、場面間の因果関係がとらえられなくなってしまうことがあるので注意が必要です。

どの基準を使って場面に分ければよいかは、物語の特徴によって違います。下の表を参考にして、ある基準で「場面」に分けてもうまくいかないようなら、ほかの基準で分けてみるなど、試行錯誤しながら〈場面〉分けをして、どの基準で分けると作品をとらえやすくなるかを確かめることが大切です。

基準	その基準を用いて〈場面〉分けをするのに適した作品
時	「ある日」「ある月のきれいなばん」「次の日」「いよいよ汽車が入ってくるという時になって」など〈時を表す言葉〉が多用されている作品
場所	「部屋」「外」「車の中」「公園」「祖父母の家」「駅の構内」「橋」「平和記念資料館」など、場所が移り変わって展開していく作品やくり返して同じ場所が出てくる作品
視点	視点人物（語り手が寄り添う登場人物）が変わっていく作品や、一人称視点、三人称客観視点から三人称限定視点などに人称視点が変わる作品
登場人物	途中からある登場人物が出てきたり、登場人物が入れ替わったりする作品

教材に見る「場面」

場面①

むかし、

…まいばんのように たぬきが やって きて、

いたずらを しました。

場面②

ある 月の きれいな ばん

糸車を まわす まねを する たぬきの かげが

うつりました。

場面③

それからと いうもの、

…まいばん まいばん やって きて、 糸車を

まわす まねを くりかえしました。

場面④

あるばん、

いつもの たぬきが、 わなに かかって いました。

場面⑤

やがて、 …ふゆが

？

場面⑥

はるに なって、

白い 糸の たばが、 山のように つんで あったのです。

まきかけた 糸まで かかって います。

じょうずな 手つきで、 糸を つむいで いるのでした。

いつも おかみさんが して いた とおりに、

たばねて わきに つみかさねました。

うれしくて たまらないと いうように、 ぴょんぴょこ

おどりながら かえって いきましたとさ。

「たぬきの糸車」きし なみ（光村図書『こくご』令和２年度１年下）

「場面」の役割から人物の心情を想像する

「たぬきの糸車」は、「場面」の役割から中心人物の心情を想像するのに適した作品です。

この物語は、時を表す言葉が多いので、「時」を基準に場面分けをします。すると、上の図のように６つの場面に分けることができます。

この作品のもう１つの特徴に視点人物があります。語り手は、おかみさんに寄り添って語っていますので、おかみさんの気持ちは語りますが、たぬきの気持ちは語りません。そのため、たぬきの行動の意図や心情は、行動描写や「場面」の役割から想像するしかありません。このことから、「場面」の役割から中心人物の心情を想像するという授業の目標をつくることができます。

授業では、「それぞれの場面でたぬきは何をしたの？」という発問から、「動きを表す言葉（動詞）」と「だれが（主語）」をおさえ、文は主語と述語からできていることを確認します。

この活動の中で、子どもは場面⑤の「冬の場面にはたぬきが出てこない」ということに気づきます。

そこで、「たぬきが出てこないのに、どうして冬の場面があるのだろう？」と問うと、「たぬきがおかみさんがいない間に糸車を回していたことがわかるから」という答えが返ってきます。

さらに、「たぬきはどうして糸車を回したの？」と聞くと子どもの考えは、次のような２つに分かれます。

・おかみさんに恩返しをしたいから。

・糸車を回すのが楽しいから。

なかには、「その両方」という子も出てきます。

そこで、「そのことは、どこからわかるの？」と問うと、子どもは、「山のように」や「じょうずな手つきで」などの言葉に着目して因果関係をとらえていきます。これらの言葉は、たぬきが登場しない場面⑤で、たぬきが何をしていたのかを想像させる根拠になります。

このように、「場面」の役割を考えることで、具体的な言葉に着目して行動の「因果関係」をとらえ、中心人物の心情を想像することができます。

なお、「恩返しをしたい」「回すのが楽しい」というたぬきの意図に対しては、どちらが正しいかという結論は出ません。大切なのは、「場面」の役割を考えることで、因果関係で作品を読んだという経験です。この活動から、子どもは、文章で書かれていないことを読む楽しさを学びます。

【「語り手」は作者ではない】

語り手《かたりて》
視点《してん》

[語り手] 物語の中で、読み手に対して登場人物の行動や気持ちを説明する人。「話者」ともいう。「作者」「会話文の話者」とは区別してとらえる必要がある。

[視点] 語り手が、だれの視点で物語を語っているかということ。語り手が寄り添っている人物を視点人物という。

●関連用語：登場人物 p.52　中心人物 p.54　クライマックス p.64
視点の転換 p.76

「語り手」の視点の違いで、物語の印象が変わる。

「語り手」とは

「語り手」は、物語を進める役割を担います。物語には、必ず「語り手」がいます。映画やドラマ、アニメ作品などのナレーター、講談の講談師のような存在です。

「語り手」は、物語の作者とは異なります。作者は、物語の外にいて物語を創作しますが、語り手は物語の中にいて外の世界を知りません。そのため、語り手は「隠れた登場人物」「話者」ともいわれます。

物語は、語り手の語り方の違いも大きな特徴となります。したがって、物語の授業では、どんな人物が出てきて、どんな内容だったのかを読むだけではなく、それが語り手によって、いかに語られているかを読むことも大切です。

「語り手」の「視点」とは

「語り手」がどこから何を語っているかを、「視点」といいます。読み手は、大抵の場合、語り手の視点から見える世界を読むことになります。

語り手の存在の仕方や、寄り添っている人物の違いによって、視点は４つに分類されます（下表）。

また、物語の途中（クライマックスなど）で、語り手の視点が変わることがあります（視点の転換）。

視点の分類

	一人称視点	三人称限定視点	三人称全知視点	三人称客観視点
視点人物と語り手	語り手が作品の中に登場し、「ぼくは」「わたしは」など、中心人物の主観で語る。	語り手が、登場人物とは別の立場として存在する。		
		ある特定の登場人物（視点人物）に寄り添って語る。視点人物が、見たこと、聞いたこと、思ったことなどを語ったり、その場の状況を説明したりする。	登場人物全員の目や心を通して語る視点。登場人物すべての心情を語る。	特定の人物ではなく、登場人物から距離を置いて客観的に語る。だれの心情も語らない。
その他の特徴	・心内語が多くなる傾向がある。 ・客観的事実はわからず、中心人物の感性や受け止め方ですべてが語られる。 ・中心人物の思いが強く表現されるので、中心人物の変容がとらえやすい。 ・語り手と作者が混同されやすく、語り手の考えが作者の意図ととられやすい。	・ほかの登場人物の気持ちは語らないので、語りは主観的で、客観性は薄くなる。 ・一人称視点と違い、語り手が視点人物から離れて、状況を説明することができるので、場の客観的事実を語ることができる。	・語り手は、すべてのことを知っていることになるので、「神の視点」ともいわれる。 ・童話作品などに多い。	・登場人物の言動を描くだけで、どの人物の心情も語られない。 ・事柄が個人的な考えや感情を抜きに述べられる。そのため、突き放したような寂しさや哀しさをかもし出す効果がある。

教材に見る「語り手　視点」

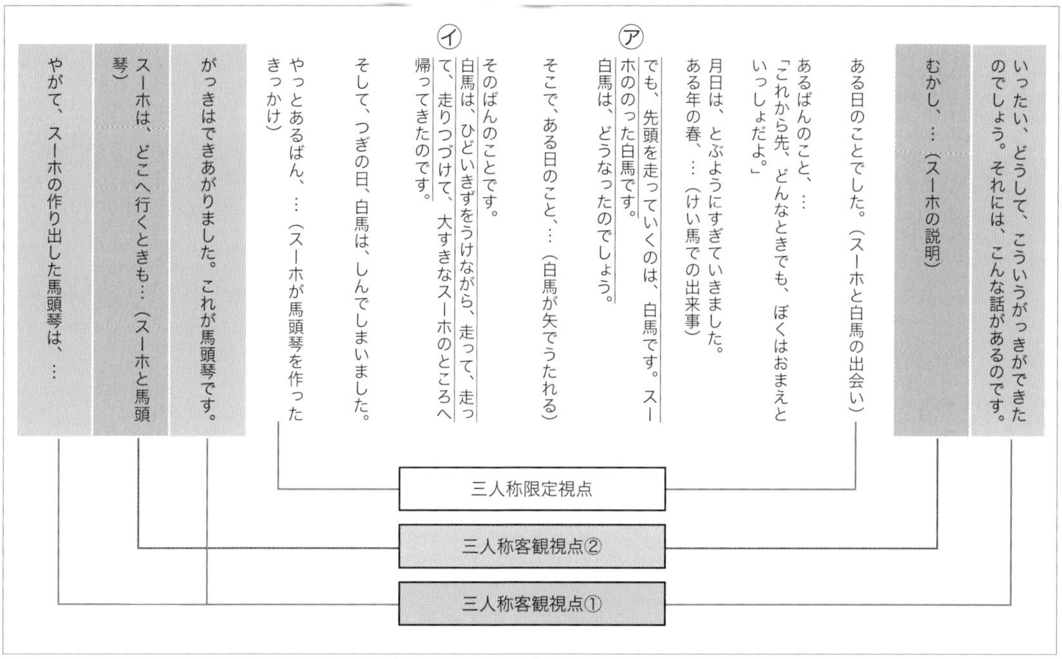

「スーホの白い馬」おおつか　ゆうぞう（光村図書『こくご』令和２年度２年下）

「語り手」の語り方から、登場人物の気持ちをとらえる

「**スーホの白い馬**」を読んだ子どもたちは、「スーホと白馬はお互い大好きなんだね」といった感想をもちます。この感想から、次のように発問します。

> どこから、お互いが大好きだといえるの？

スーホが白馬を大好きだとわかるところとしては、次の会話文などが抜き出されます。

「これから先、どんなときでも、ぼくはおまえといっしょだよ。」

ところが、白馬がスーホのことを大好きだとわかるところに関しては、「おおかみから羊を守った。」、「王様から逃げてスーホのところに戻ってきた。」などがあげられますが、「そうじゃないかもしれない。だって、大好きだって書いてないから。」という判断をする子も出てきます。

さらに、夢の中で白馬がスーホに語る出来事に対しても、「それは、スーホが見た夢だから、白馬の気持ちではないかもしれない。」と判断する子もいます。

これらの意見に対して、次の一文を取り上げて白馬がスーホのことを大好きだと主張する子が出てきます。

> 大すきなスーホのところへ帰ってきたのです。

ここで、「この『大すきな』という言葉は白馬が言っているのかな？」という疑問が生まれます。

そこで、物語のはじめの文「いったい、どうして、こういうがっきができたのでしょう。」を取り上げ、「語り手」という存在を子どもたちに教えます。

さらに、図の㋐の文に着目すると、「語り手」がスーホと白馬を応援したり心配したりしていることに気づきます。そこから、㋑の「大すきな」は、語り手が思っていることだとわかります。

つまり、この部分は「語り手」が白馬に寄り添って語っているのです。だから、白馬が直接語らなくても、読者は白馬の気持ちを知ることができるのです。

読み手が、白馬はスーホを大好きだと感じる理由の１つに、「語り手」の語り方があるのです。

【「語り手」が寄り添う人物は変わる】

視点《してん》の転換《てんかん》

語り手が寄り添う視点人物が、物語の途中で切りかわること。その後、元に戻ることもある。

●関連用語：主題 p.50　中心人物 p.54　山場 p.62
クライマックス p.64　語り手 p.74　視点 p.74

「視点の転換」が終わった直後に、クライマックスの一文がくることが多い。

「視点の転換」とは

物語の語り手には、だれに寄り添って語るのかという「視点」があります。

語り手の視点は、一般的には物語の初めから終わりまで一貫していますが、中には途中で切りかわったり、元に戻ったりする場合があります。

このように、語り手の視点が物語の途中でかわることを「視点の転換」といいます。

おもな「視点の転換」には、次の２種類があります。

① 一定の時の流れの中で、視点人物を切りかえて展開する。（図１）

このような物語では、視点の転換が起こる前の視点人物の行動や心情を客観的にとらえることができます。そして、その人物が他者に与えた影響を想像したり、その人物を評価したりすることもできます。

また、物語の展開の一部にこのパターンの視点の転換があるときは、その視点の転換が終わった直後に、クライマックスの一文がくる場合が多くみられます。その後は、視点が元に戻ったり、三人称客観視点になったりして物語が終わります。

クライマックスの一文は作品の主題と結びついていますので、視点の転換を見つけることで、作品の主題をとらえられることもあるのです。

② ある時に起こった出来事を、複数の視点から語る。（図２）

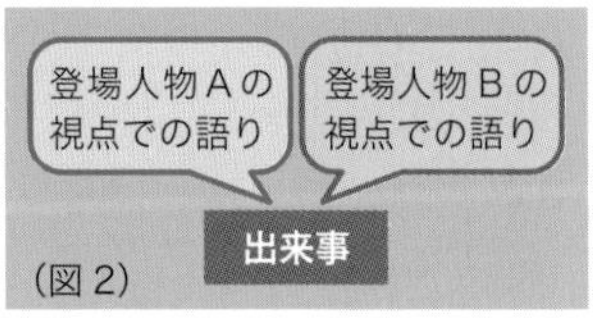

(図 2)

このような物語では、視点が転換する前は、読み手はある特定の人物から見た場面の様子や出来事だけしか受け止めることができません。しかし、視点が転換することで、別の見方を得ることができます。

「視点の転換」を見つける手がかり

物語で、中心人物「Ａ」に寄り添って語っていた語り手が、一部分だけ、「Ｂ」に寄り添う視点の転換が起こると、次のような特徴が表れます。

・「Ｂ」が主語の文が増える。
・「Ｂ」の心内語が現れる。
・「Ａ」を客観的に外から描写した文が現れる。

これらを手がかりにすると、視点の転換を見つけやすくなります。なお、この場合の「Ｂ」は、対人物であることが多くみられます。

(図1)

教材に見る「視点の転換」

6

その明くる日も、ごんは、くりを持って、兵十のうちへ出かけました。…ごんは、うちのうら口から、こっそり中へ入りました。

ごんの視点

そのとき兵十は、ふと顔を上げました。と、きつねがうちの中へ入ったではありませんか。…足音をしのばせて近よって、今、戸口を出ようとするごんを、ドンとうちました。

ごんは、ばたりとたおれました。

兵十の視点

兵十はかけよってきました。

ごんの視点

うちの中を見ると、土間にくりがかためて置いてあるのが、目につきました。

「おや。」

と、兵十はびっくりして、ごんに目を落としました。

「ごん、おまい（おまえ）だったのか、いつも、くりをくれたのは。」

兵十の視点

ごんは、ぐったりと目をつぶったまま、うなずきました。

兵十は、火縄じゅうをばたりと取り落としました。青いけむりが、まだつつ口から細く出ていました。

語り手の視点

（三人称客観視点）

「ごんぎつね」 新美　南吉（光村図書『国語』令和２年度４年下）

「視点の転換」から クライマックスをとらえる

「ごんぎつね」は、中心人物の変容がとらえにくく、作品の主題がつかみづらい作品です。そこで、クライマックスの一文をとらえることで、中心人物の変容を明らかにしていきます。

子どもたちに、**「ごんぎつね」**のクライマックスの一文がどこにあるかとたずねると、なかなか判断できません。

そこで、クライマックスの４つの特徴を示します。

①中心人物の心情が大きく変化したところ。
②一文で書きぬくことができる。
③説明の文ではなく、描写の文、または会話文。
④「視点の転換」のすぐ後にあることが多い。

中心人物の心情は、そのこだわりが成就したときに大きく変化しますが、ごんのこだわりについては、子どもたちの意見が分かれがちです。多くの子どもたちは中心人物・ごんのこだわりを「つぐない」であると考えがちです。しかしごんは、自分のつぐないの行為が「神様がしたこと」と思われ、「引き合わない」と感じながらも兵十の家に栗を届けます。このことから、ごんのこだわりを「つぐない」と言い切るのも難しそうですし、そもそもごんは兵十から許されていないので、「つぐない」は成就していません。

そこで、視点の転換も見ていきます。**「ごんぎつね」**は、ほとんどの部分は三人称限定視点で描かれ、語り手は中心人物であるごんに寄り添っています。

しかし、ごんが兵十のうちに栗を届ける第6場面では、「視点の転換」が起こります。上の図のように、語り手は、「ごん」→「兵十」→「ごん」→「兵十」と視点を切りかえ、最後は三人称客観視点となります。

このことからクライマックスの一文は、視点の転換が終わった後の一文「ごんは、ぐったりと目をつぶったまま、うなずきました。」であると判断できます。

この一文の前まで、ごんは「おれと同じ、ひとりぼっちの兵十」という気持ちをもっていましたが、栗などを届けていたのは自分だということに気づいてもらえ、ひとりぼっちではなくなる、つまり「こだわり」が成就する兆しが見えます。このことから、「ひとりぼっちのごんが、ひとりぼっちではなくなる」という変容をとらえることができます。

これらことから、**「ごんぎつね」**の作品の「主題」は、「人は、コミュニケーションがとれていないと、時として悲劇をもってしかわかり合えないことがある」と表現することができます。

【語り手が述べている内容の違い】

説明《せつめい》
描写《びょうしゃ》

［説明］物語の記述のうち、物語に流れる時の流れから離れて、物語の設定や背景、人物の行動の理由などを大まかに述べた文のこと。

［描写］物語の記述のうち、物語に流れる時の流れに沿って、人物の行動や言動、場面の様子などを細かく述べた文のこと。

●関連用語：登場人物 p.52　変容 p.58　出来事 p.60　設定 p.66　伏線 p.68　語り手 p.74

「説明」と「描写」を読み分けることで、作品の構成や中心人物の変容がとらえやすくなる。

「説明」と「描写」の違い

語り手が、読み手に、物語の設定や背景、登場人物などをかいつまんで述べている文を「説明」といいます。

一方、物語の出来事が起こる情景やその時の人物の姿、その時に人物が思ったことなどが、実際に見えたり、聞こえたりするように描かれている文を「描写」といいます。

「説明」と「描写」の読み分けは、物語の構成をとらえたり、中心人物の変容をとらえたりするために必要です。

物語を〈はじめ〉〈なか〉〈おわり〉に分けると、〈はじめ〉には「説明」があることが多く、そこには、主題につながる伏線が張られています。ただし、〈なか〉で、場面の途中に入り込んだり、回想や登場人物の会話文として表現されたりすることもあります。

中心人物の変容は、〈なか〉の「描写」からとらえます。変容をとらえる上で欠かせない中心人物の心情は、「描写」の文から想像します。

「説明」と「描写」が入り組んで表現されていることもあるので、読み分けには注意が必要です。

「描写」の種類

人物の心情は、「描写」からとらえます。

「描写」の種類によって、人物の心情の想像の仕方が異なります。おもな「描写」の種類を下の表にまとめました。「会話文・心内語」は、一般的には「描写」とは区別されますが、人物の心情を想像する大切な役割を果たしますので、便宜上、表の中に組み入れました。

おもな「描写」の種類とその効果

描写		効果
直接表現		「うれしくなりました」「悲しかったので」など、人物の心情を直接述べた表現。
間接表現	会話文・心内語	登場人物が音声として発した言語を「　」で描写した表現が会話文。登場人物が心の中で思ったことや考えたことを語り手が述べた表現が心内語。 低学年は、子どもが会話文を音声表現することで、音の響きやリズムを感じ取り、人物の気持ちが想像しやすくなる。中・高学年は、会話文・心内語の文末表現などに着目したり、ほかの出来事などと因果関係で結んだりすることによって、人物の心情が想像しやすくなる。
	行動描写	「走り出しました」「立ち止まってしまいました」など、登場人物の行動を描写した表現。 行動描写からは、その行動をとった登場人物の心情を想像することができる。行動には、それを誘発した出来事が存在するので、出来事（刺激）と行動（反応）という〈因果関係〉をとらえることで、人物の心情を想像することができる。
	情景描写	周囲の情景を描写した表現。 情景描写は、読み手によって、人物の心情を表しているととらえるかどうかが分かれる。そのときは、その情景描写からなぜそのように想像できるのか、根拠となる〈出来事〉や〈因果関係〉をとらえることが大切になる。

教材に見る「説明　描写」

はじめ

おくびょう豆太

豆太ほどおくびょうなやつはない。
夜中には、じさまについてってもらわないと、一人じゃしょうべんもできない。

死んだおとうはきもすけだった。

じさまも見事にやってのける。

やい、木ぃ

昼間は、いばってさいそくしたりするくせに、夜になるとだめ。

なか

霜月二十日のばん

「霜月の二十日のうしみつにゃぁ、モチモチの木に灯がともる。…おらも、子どものころに見たことがある。…おまえのおとうも見たそうだ。山の神様のお祭りなんだ。それは、一人の子どもしか、見ることはできねえ。それも、勇気のある子どもだけだ。」

じさまもおとうも見たんなら、自分も見たかったけど、こんな冬の真夜中に、モチモチの木を、それも、たった一人で見に出るなんて、とんでもねえ話だ。

「昼間だったら、見てえなぁー。」

豆太は見た

「医者様をよばなくっちゃ。」

豆太は、小犬みたいに体を丸めて、表戸を体でふっとばして走りだした。
ねまきのまんま。はだしで。半道もあるふもとの村までー。
霜が足にかみついた。足からは血が出た。豆太は、なきなき走った。
いたくて、寒くて、こわかったからなぁ。
でも、大すきなじさまの死んじまうほうが、もっとこわかったから、なきなきふもとの医者様へ走った。

「モチモチの木に、灯がついている。」

おわり

弱虫でも、やさしけりゃ

「おまえは、山の神様の祭りを見たんだ。…おまえは、…勇気のある子どもだったんだからな。…人間、やさしささえあれば、やらなきゃならねえことは、きっとやるもんだ。」

それでも、豆太は、じさまが元気になると…しょんべんにじさまを起こしたとさ。

「モチモチの木」 斎藤　隆介（光村図書『国語』令和２年度３年下）

「説明」と「描写」の読み分けから中心人物の変容をとらえる

「**モチモチの木**」を一読した子どもが、作品を一文で書くとき、次のような一文が見られます。「おくびょうな豆太が、勇気を出して医者様を呼びに行くことによって、おくびょうな豆太に戻った話」

この一文は、子どもが中心人物・豆太の変容をどうとらえていいのかわからず、混乱していることを示しています。

そこで、「説明」と「描写」という観点から、５つの小見出しの各場面を見てみます。

最初の２つ「おくびょう豆太」と「やい、木ぃ」では、語り手は中心人物・豆太の説明を詳しく述べています。語り手が、豆太の過去の事柄をあげて、豆太の「おくびょうさ」を中心に物語の背景や前提を説明しています。

次の２つ「霜月二十日のばん」と「豆太は見た」では、時が特定されて、時の流れと共に話が展開していきます。ここでは、「描写」が多く用いられています。

最後の「弱虫でも、やさしけりゃ」では、時は特定されていますが、最後の一文は「説明」になっています。

この作品は、〈はじめ〉〈なか〉〈おわり〉の３つに分けるときに、「視点」を基準にして考える作品であるといえます。〈はじめ〉三人称客観視点→〈なか〉三人称限定視点→〈おわり〉三人称客観視点となっています。

豆太の変容は、〈なか〉の「描写」からとらえます。豆太がこだわり続けたことは、「山の神様の祭りを見ること」であり、勇気を出して真夜中に医者様を呼びに行ったことにより、「山の神様の祭りを見ること」ができた話と、とらえることができます。〈おわり〉のじさまの「やさしささえあれば、やらなきゃならねえことは、きっとやるもんだ。」という言葉が、豆太の変容の条件を示しているので、子どもの変容のとらえ方に迷いが生まれるのです。豆太は、「いざというときに勇気を出せる子に変容した」といえます。

【1つの物語の中に2つの世界がある】

ファンタジー

非現実の世界を描いた物語。現実世界と非現実世界の行き来には、入り口や出口となるスイッチがあることが多い。

●関連用語：基本三部構成(物語)p.48　中心人物 p.54　変容 p.58
出来事 p.60　おもしろさ p.70

不思議な体験の前後を比較して、中心人物の変容をとらえる。

「ファンタジー」の基本構成

基本構成が特徴的なものの１つに「ファンタジー」があります。

ファンタジーとは、「１つの作品の中に、現実と非現実の２つの世界が存在している物語」のことです。

例えば、物語の中で中心人物が現実世界から非現実世界に入り、また現実世界へと戻ってくるという構造になっているものなどがあります。

現実世界と非現実世界との間には入り口と出口があります。例えば右ページの**「注文の多い料理店」**では、「風がどうとふいてきて、草はザワザワ、木の葉はカサカサ、木はゴトンゴトンと鳴りました。」という一文によって、中心人物である「二人のわかいしんし」が非現実の不思議な世界へと入り、やがて同じ一文を境に現実世界に戻ってきます。

また、**「白いぼうし」** あまん きみこ（光村図書『国語』令和２年度４年上）では、「すっぱい、いいにおいが、風であたりに広がりました。」「車の中には、まだかすかに、夏みかんのにおいがのこっています。」という「夏みかんのにおい」が現実世界と非現実世界の出入り口となっています。

〈はじめ〉	現実世界
	入り口
〈なか〉	非現実世界
	出口
〈おわり〉	現実世界

このようなファンタジーの基本構成は、左の図のようになります。

「ファンタジー」での中心人物の「変容」のとらえ方

ファンタジーでは、不思議なことを体験したり、非現実世界に触れたりすることで、中心人物が変容します。

前述のようにファンタジーでは、現実世界から非現実世界に入ったあと、再び現実世界に戻る構造のものが多く見られます。中心人物が元の世界に戻るため、変容が見えにくいことも少なくありません。しかし、非現実世界に入る前と、非現実世界から戻ったあとの心情や様子を比べることで、中心人物が変容していることがわかります。

また、非現実世界での不思議な出来事や、もしくは非現実世界から現実世界に戻ったことが、変容のきっかけとなります。

このことから、ファンタジーは、物語の中で中心人物が、何をきっかけに、どのように変容したのかをつかみやすい作品が多いといえます。

「ファンタジー」の授業展開

こうして見てくると、ファンタジーの学習では次のような授業展開が考えられます。

①「現実世界－非現実世界－現実世界」という構造から、基本構成をとらえる。
②非現実世界の入り口と出口を見つける。
③非現実世界に入る前とあとの中心人物を比べ、変容をとらえる。
④中心人物の変容のきっかけをとらえる。

教材に見る「ファンタジー」

はじめ（現実世界）

二人のわかいしんしが、すっかりイギリスの兵隊の形をして、ぴかぴかする鉄ぽうをかついで、歩いておりました。

なか

（入り口）

風がどうとふいてきて、草はザワザワ、木の葉はカサカサ、木はゴトンゴトンと鳴りました。

（非現実世界）

・「どうもおかしいぜ。」
・「うわあ。」がたがたがたがた。
・二人は、泣いて泣いて泣いて泣いて泣きました。
・二人は寒さにぶるぶるふるえて、草の中に立っていました。

（出口）

風がどうとふいてきて、草はザワザワ、木の葉はカサカサ、木はゴトンゴトンと鳴りました。

おわり（現実世界）

・とちゅうで十円だけ山鳥を買って東京に帰りました。
・さっきいっぺん紙くずのようになった二人の顔だけは、東京に帰っても、お湯に入っても、もう元のとおりになおりませんでした。

「注文の多い料理店」 宮沢　賢治（東京書籍『新しい国語』令和２年度５年）

「ファンタジー」の構造から中心人物の変容をとらえ、作品の「主題」にせまる

「**注文の多い料理店**」を読んだ子どもたちは、「不思議で不気味」「なんだか怖い」という初読の感想をもちますが、その思いはまだ漠然としています。

そこでまず、ファンタジーの構造をつかむために、全体を上の図のように〈はじめ〉〈なか〉〈おわり〉の三部構成でとらえてみます。

すると、「風がどうとふいてきて、草はザワザワ、木の葉はカサカサ、木はゴトンゴトンと鳴りました。」の描写が、非現実の不思議な世界への入り口と出口になっていることに気づき、「風」がスイッチの役割を担っている作品であることがわかります。

次に、ファンタジーの読みの方法を活かして、中心人物の変容をとらえていきます。二人の紳士の様子に着目し、物語の〈はじめ〉と〈おわり〉で変わったところと、変わらなかったところを読んでいくと、次のようなところがあげられます。

《変わったところ》

顔が紙くずのようにくしゃくしゃになった。

《変わらなかったところ》

十円だけ山鳥を買って帰った。（二人の紳士の考え方）

ここに作者の思いが凝縮されています。二人の紳士は「泣いて泣いて」「ぶるぶるふるえて」というほどの怖い思いをしていながら、猟師に会って、ほっとしたあとの行動は「山鳥を買った」のでした。そして、非現実の世界で起こった出来事でありながら、二人の紳士の紙くずのようにくしゃくしゃになった顔は、もう元のとおりには、なおらなかったのです。

このように、物語の〈はじめ〉と〈おわり〉に描かれている二人の紳士の様子を比べることで、「どこで注文の本当の意味に気づいたのか」「それまではまったく気づかなかったのか」について話し合うことを通して、作品全体に流れている主題にせまることができます。

この用語から活用できること

物語を創作する、書く活動のときにも、「ファンタジー」を活かすことができます。非現実の不思議な世界を通して、中心人物がどのように変容したか、入り口と出口はどこかなど、読む活動から書く活動へと活かすことができます。

【詩や短歌、俳句は、作者の五感を通したメッセージ】

五感《ごかん》

詩を味わったり、創作したりするときに意識するとよい、人間がもっている基本的な５つの感覚（視覚、聴覚、嗅覚、味覚、触覚）。

●関連用語：表現技法と効果 p.102

「五感」を意識することで、作者の心を読むことができる。

「五感」のはたらき

「五感」とは５つの感覚（「視覚」「聴覚」「嗅覚」「味覚」「触覚」）の総称を意味します。

人の五感は、この５つの感覚をそれぞれ別々に使うことよりも、これらの感覚をいくつか組み合わせて使うことが多くあります。

例えば、人の心を読む場合、顔の表情や動作といったことを見るという「視覚」からの様子と、寂しそうな声、甲高い声といった「聴覚」からの声の様子を聞くことを組み合わせて、これらの感覚を総合的に判断して心を読むようなことがあげられます。

詩や短歌・俳句と「五感」

詩や短歌・俳句でも、作者が感じた内容や心を、いくつかの感覚を組み合わせて表現しています。つまり、詩や短歌・俳句の表現内容は、作者の五感を通した世界からのメッセージであるととらえることができ、五感を意識した読みをすることで作者の心を読むことができるのです。

また、詩や短歌・俳句を創作するときにも、ただ漠然と「自分が感じたことを表現しましょう。」というのではなく、五感のうち、特に感じたものを意識することで、表現の方向が明確になります。

視覚　目でとらえる感覚

光の刺激を受けて生じる感覚のことで、色を感じる感覚「色覚」と光や明暗を感じる「光覚」の２つの感覚に分けられる。機能的には、対象物の形を識別する機能と対象物の位置や動きを識別する２つの機能に分けられる。

聴覚　耳で音を感じる感覚

音波が鼓膜を振動させることによって生じる感覚のこと。この聴覚によって、「音の高さ」「音の大きさ」「音色」という音の三要素が識別される。

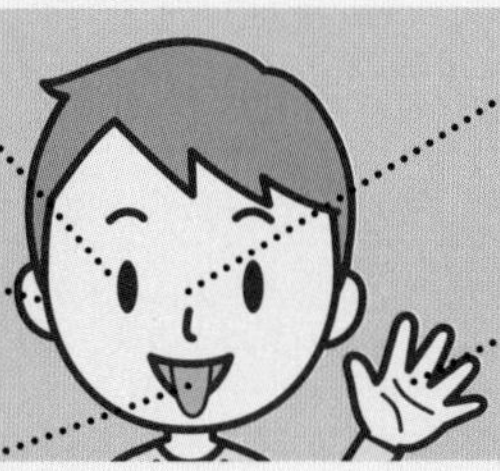

味覚　舌で物の味を感じる感覚

舌にある「味蕾（みらい）」が唾液に溶けた物質を刺激して生じる感覚のこと。この感覚は、「甘い」「塩辛い」「酸っぱい」「苦い」の4種類が基本感覚としてある。この「味覚」は、嗅覚や触覚なども関連して、さまざまな味覚が生ずる。

嗅覚　鼻でにおいを感じる感覚

空気中を伝わってきた物質が嗅覚器を刺激するときに生じる感覚のこと。作品の中では、「どんなにおい？」「どんなにおいによって、どんな思い？」という作品を読むための観点となっている。

触覚

物に触れたときに起こる皮膚感覚

皮膚や粘膜などの生体の表面に刺激となる外からの力が加わり、それを皮膚表面に感じること。一般的には、「触った感じ」「触れた感じ」などのように皮膚によって受ける刺激のこと。

教材に見る「五感」

風景　純銀もざいく
山村　暮鳥

いちめんのなのはな
いちめんのなのはな
いちめんのなのはな
いちめんのなのはな
いちめんのなのはな
いちめんのなのはな
いちめんのなのはな
かすかなるむぎぶえ
いちめんのなのはな

いちめんのなのはな
いちめんのなのはな
いちめんのなのはな
いちめんのなのはな
いちめんのなのはな
いちめんのなのはな
いちめんのなのはな
ひばりのおしゃべり
いちめんのなのはな

いちめんのなのはな
いちめんのなのはな
いちめんのなのはな
いちめんのなのはな
いちめんのなのはな
いちめんのなのはな
いちめんのなのはな
やめるはひるのつき
いちめんのなのはな。

「風景　純銀もざいく」山村　暮鳥（教育出版『小学国語』令和２年度６年上）

「風景　純銀もざいく」に見る「五感」

この作品は、「いちめんのなのはな」のくり返しで次のように構成されています。

一連	「いちめんのなのはな」の８回のくり返しの中に「かすかなるむぎぶえ」が１行入る。
二連	「いちめんのなのはな」の８回のくり返しの中に「ひばりのおしゃべり」が１行入る。
三連	「いちめんのなのはな」の８回のくり返しの中に「やめるはひるのつき」が１行入る。

◎くり返しから「視覚」の広がり

「いちめんのなのはな」のくり返しで、「視覚」でとらえられる目の前の菜の花畑の広がりやその美しさがイメージされます。

◎「聴覚」の広がり

「むぎぶえの音」「ひばりのさえずり」が聞こえてくる様子から、のどかな菜の花畑のイメージを感じます。春の美しい景色を広げるはたらきをしています。

このように、「視覚」と「聴覚」を組み合わせて作品を読むことで、作品の世界のイメージを広げて読むことができるようになります。

五感がどのように表現されているかを意識して読んでいくことで、作品の中に表現された美しい風景や作者の感動、心の動きを読めるようになるのです。

作品を読むときに「作者は、どの『五感』を使っているのかな？」と考えることで、表現内容の本質にせまる読みができます。

「春のうた」に見る「五感」のはたらき

この作品は、春の世界にはじめて出てきた「かえる」の喜びを、「かえる」の「五感」を通して表現しています。

まず、「まぶしいな」で、春の日差しの明るさが描かれます。「視覚」です。続いて、「つるつる」「そよそよ」という「触覚」でぬくんできた水や風を表現しています。「そよそよ」はやさしい風を「聴覚」で表しているととらえてもいいでしょう。「ああいいにおいだ」は文字通り「嗅覚」です。若草や花々の香り、また、温められた土のにおいなどが感じられます。「かえる」が、まさに自分の「五感」すべてを使って春を感じ取っています。

自分の好きな季節を、さまざまな感覚を使って描いてみる表現活動に結びつけることもできるでしょう。

春のうた
草野　心平

かえるは冬のあいだは土の中にいて春になると地上に出てきます。そのはじめての日のうた。

ほっ　まぶしいな。
ほっ　うれしいな。

みずは　つるつる。
かぜは　そよそよ。
ケルルン　クック。
ああいいにおいだ。
ケルルン　クック。

ほっ　いぬのふぐりがさいている。
ほっ　おおきなくもがうごいてくる。

ケルルン　クック。
ケルルン　クック。

「春のうた」草野　心平（教育出版『小学国語』令和２年度４年上）

【「しょうがっこう」は7文字だけど6音】

音数《おんすう》リズム

［音数］ある言葉を音読するときに発する、音の数。文字数とは異なる。

［リズム］日本語のリズムは、５音と７音が基盤となってできている。

●関連用語：連 p.86　表現技法と効果 p.102

「音数」から生まれる「リズム」が、作品の印象をつくる。

「音数」の数え方

文字には、「清音」「拗音」「促音」「濁音」「半濁音」「撥音」「長音」と、さまざまな種類があります。これらの文字の「音数」の数え方を知らないと、正しい音数を数えることはできません。

言葉のリズムを感じるためには、言葉の音数を正確に数えることが重要です。音数を正しく数えるためには下の表のような決まりがありますが、言葉を発しながら手拍子や机をたたくと正確に音数を数えやすいでしょう。

「音数」から「リズム」へ

日本語は「５音」や「７音」の言葉が多いといわれます。日本語の単語の多くが、「１音」や「２音」でできており、それに助詞や切れ字がくっついて１つの言葉ができているためです。

例えば、**「古池や蛙飛びこむ水の音」**（松尾 芭蕉）は、右上のような組み合わせになっています。

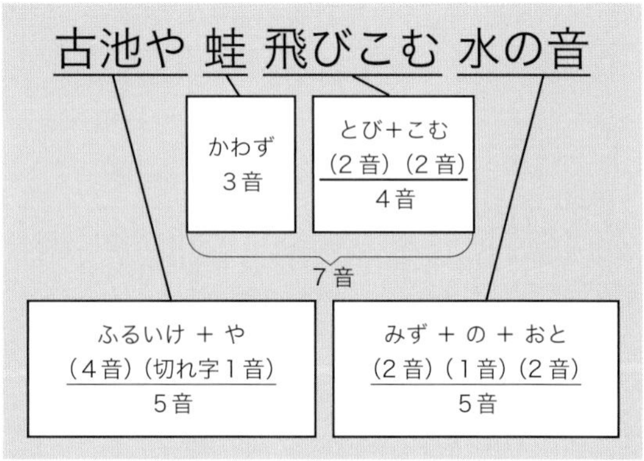

５音と７音の組み合わせからは、「五七調」「七五調」という「リズム」が生まれ、それぞれ次のような効果を生み出します。

・五七調…重厚な調子。重たい感じを与える。
・七五調…軽快な調子。弾んだ感じを与える。

このような音数やリズムが生み出す効果をとらえることで、単に「重い感じの詩だね」ではなく、「どうして重い感じを受けるのだろうか」といった、内容を深める授業が可能となります。

文字の種類	数え方	例
清音（「あいうえお」という五十音）	１文字で１音	「てんきあめ」５音
拗音（小さい「ゃ・ゅ・ょ」のつく言葉）	清音にくっついて１音	「しゅうがくりょこう」７音
促音（小さい「っ」）	１文字で１音	「びっくり」４音
濁音（ガ・ザ・ダ・バ行の音）	１文字で１音	「バナナ」３音
半濁音（パ行の音）	１文字で１音	「パン」２音
撥音（言葉の中や語尾につく「ん・ン」）	１文字で１音	「りんご」３音
長音（伸ばす音。「ー」で表現されることが多い）	１音と数える	チョコレート（５音） コーンスープ（６音）

教材に見る「音数　リズム」

「五七調」で重厚な「落葉松」

落葉松

北原　白秋

一

からまつの林を過ぎて、
からまつをしみじみと見き。
からまつはさびしかりけり。
たびゆくはさびしかりけり。

二

からまつの林を出でて、
からまつの林に入りぬ。
からまつの林に入りて、
また細く道はつづけり。

三

からまつの林の奥も
わが通る道はありけり。
霧雨のかかる道なり。
山風のかよふ道なり。

四

からまつの林の道は
われのみか、ひともかよひぬ。
ほそぼそと通ふ道なり。
さびさびといそぐ道なり。

五

からまつの林を過ぎて、
ゆゑしらず歩みひそめつ。
からまつはさびしかりけり、
からまつとささやきにけり。

六

からまつの林を出でて、
浅間嶺にけぶり立つ見つ。
浅間嶺にけぶり立つ見つ。
からまつのまたそのうへに。

七

からまつの林の雨は
さびしけどいよよしづけし。
かんこ鳥鳴けるのみなる。
からまつの濡るるのみなる。

八

世の中よ、あはれなりけり。
常なけどうれしかりけり。
山川に山がはの音、
からまつにからまつのかぜ。

「落葉松」北原　白秋（『白秋全集 4』岩波書店）

「からまつの林を過ぎて」「からまつをしみじみと見き」で始まるこの作品は、1連が4行構成で全体8連からなる作品です。さらに、それぞれの連の4行はすべての行が次のような音数の組み合わせとなっています。

・「からまつの」（5音）＋「林を過ぎて」（7音）
・「からまつを」（5音）＋「しみじみと見き」（7音）

すべての行が「5音」と「7音」の組み合わせで「五七調」の技法が使われていることがわかります。そして、音読するととても静かで寂しさを感じます。それは、「五七調」の効果が、暗く、重く、重厚な感じを表現するからです。

このような技法や効果からこの作品を読んでいくと、からまつの寂しさやその寂しさが旅にある自分の心の寂しさにも重ねられてきます。

「七五調」で明るい「えんそく」

えんそく

小野　十三郎

おひるについた山の上
くまなくすんだ青い空
うごくともなくうごいてる
遠い小さなレンズ雲
すすきっぱらの風の中
ああいいなあとせんとうで
歩みをとめた先生の
びっくりするような声がした

「えんそく」小野　十三郎（『太陽のうた』理論社）

この作品は、8行で構成されています。そして、最後の8行目だけが9音と5音の組み合わせですが、1行目から7行目までは、それぞれの行が7音と5音の組み合わせの「七五調」のリズムをつくっています。

「七五調」で表現された作品の場合、そこにはリズムのよさや明るさ、楽しさを感じます。

この作品では、遠足の楽しさ、頂上での様子、景色の素晴らしさ、空気や空の気持ちよさを表現しています。音数に着目していくことで、その作品の内容をどのような感じで表現したいのかを予測した読みができるようになるのです。

俳句・短歌の仕組みと「音数」

5音、7音の組み合わせの代表といえば俳句・短歌です。

俳句は「五・七・五」の17音の組み合わせ、短歌は「五・七・五・七・七」の31音の組み合わせで、もっとも音数を意識してさまざまな世界を表現しています。

俳句の仕組みは「五・七・五」の17音によって、五感を通した風景や情景、出来事を表現し、最後の5音によって、その作品の最大のテーマ（心）を表現しています。

短歌は、上の句「五・七・五」の17音によって、俳句と同じように五感を通した風景や情景、出来事を表現し、下の句「七・七」の14音によってその心を表現しています。

よって、俳句や短歌の読みにおいては、どんなことに対してどんな心をどのような音数で表現しているかを考えて読むといいでしょう。

この用語から活用できること

表現技法の「五七調」「七五調」は作品の読みのためだけの技法ではありません。この技法は詩を創作するときにも使える技法です。

例えば、運動会の詩をつくるときに、「負けた悔しさを詩にしよう。」と思ったら、気持ちが落ち込んでいる様子を表現するために「五七調」の技法を使うと、その悔しい気持ちを表現することができます。

【説明文でいえば「意味段落」、物語なら「場面」】

連《れん》

詩で用いられる表現技法の１つ。何行かを１つのまとまりにしたもの。一般的に連と連との間は行間を空けることで区切る。１つ目の連を「一連」、２つ目の連を「二連」……とよぶ。

●関連用語：形式段落 p.26　意味段落 p.28　場面 p.72
リズム p.84　くり返し p.92　表現技法と効果 p.102

連構成を見ることで、作者の意図や、何を表現したかったのかをとらえることができる。

「連」とは

詩には、行間を空けることによって作品の中がいくつかのまとまりに分かれているものがあります。このまとまりが「連」です。説明文の「意味段落」、物語の「場面」といったまとまりと同じようなものといえます。

連をつくることによって、感動の高まりや情景をいっそう生き生きと描く効果や、余韻を感じさせる効果を得ることができます。

さらに、行分け（改行）と連をうまく織り交ぜて使うことによって、詩に抑揚が生まれます。

行分けと連は、詩全体の構成を考えるうえでとても重要なはたらきをします。

「連」の効果

「連」は、時間の流れやイメージのまとまりを表し、連構成（連の構成）を見ることによって、その詩を構成した作者がどのような効果を意図し、表現しているかを読むことができます。

また、この連構成によってリズムをつくることができます。

連は、作者固有のイメージとリズムの特質をとらえるための手がかりになり、語と語、場面、文脈、意味のつながり、イメージの中で部分と全体をふまえながら詩を構造的、立体的にとらえるための１つの有効な手段となります。

「連」を読むことで･･･

詩の構成には、起承転結や４段階構造（「設定」→「展開」→「発展、認識、イメージ」→「まとめ、意味づけ、意識化」）、序《じょ》破急《はきゅう》などがありますが、いずれも、連の内容と構成を分析して読むことが重要となります。

また、連ごとの形がまったく異なっている場合もありますので、連の連鎖や対応を、言葉に着目してとらえる必要があります。

連の配列や順序を意識して「くり返し」や「リズム」、「頭韻」、「対比」、「対句」といった技法がもたらす効果を考えながら、感動の中心＝作品のテーマにせまっていきます。

連構成には、さまざまな技法が使われていますが、その技法をとらえることで作品の内容を推測することができます。

○同じ連の「くり返し」の場合

それぞれの連の中が同じ行数で構成されている作品は、全体のリズムを表現しています。このような場合、「音数」に着目して音数の変化をとらえるようにします。

○連の内容の「くり返し」の場合

同じような内容がくり返されている場合は、その内容の強調となります。この場合、すべてが同じ内容ではなく、部分的に言葉が変わっていることがあります。この変わっている言葉の比較をすることで内容の変化を表現しています。

教材に見る「連」

夕日がせなかをおしてくる
阪田　寛夫

夕日がせなかをおしてくる
まっかなうででおしてくる
歩くぼくらのうしろから
でっかい声でよびかける
　さよなら　さよなら
　さよなら　きみたち
　ばんごはんがまってるぞ
　あしたの朝ねすごすな

夕日がせなかをおしてくる
そんなにおすなあわてるな
ぐるりふりむき太陽に
ぼくらも負けずにどなるんだ
　さよなら　さよなら
　さよなら　太陽
　ばんごはんがまってるぞ
　あしたの朝ねすごすな

「夕日がせなかをおしてくる」阪田　寛夫（光村図書『国語』令和２年度３年上）
JASRAC 出　2104759-101

「夕日がせなかをおしてくる」の連構成

この作品には、連のくり返し、言葉のくり返しが使われています。また、一連は「夕日」が主体なのに対し、二連は「ぼくら」に主体が変化します。形式や言葉が同じなのに主体が変わることによっておもしろさが生まれています。

《連の内容のくり返し》

この作品は二連構成で、それぞれの連は、前半の４行と、行頭が１文字下げてある後半の４行でできています。どちらも合わせて８行でできています。

前半の４行は「夕日がせなかをおしてくる」――つまり、夕日によって照らされている様子が描かれ、後半に夕日と子どもたちの対話が描かれるという構成もくり返されています。

《言葉のくり返し》

文字通り、同じ言葉のくり返しが随所に見られます。例えば一連の２行目「まっかなうででおしてくる」と二連の２行目「そんなにおすなあわてるな」は、ともに「おす」という言葉のくり返しととらえることができます。

一方、両連の４行目の「よびかける」「どなるんだ」も同意の言葉ですが、一連は「夕日」が呼びかけているのに対し、二連は「ぼくら」がどなっています。この違いを読み取ることができれば、後半の４行の読み方も変わってくるでしょう。

さくら
武鹿　悦子

さくらが　さくと
うれしくて
かぜも　さくらを　みにきます

さくらが　さくと
うれしくて
あめも　さくらを　みにきます

　火
　水
　木
　金
　ちら
　ちらちら

ことしの　さくら
さようなら

「さくら」武鹿　悦子（『ねこゼンマイ』かど創房）

「さくら」の連構成

この作品では、連構成が時の流れを表現し、さくらが変化していく様子を表現しています。

一、二連は、同じ内容の連構成のくり返しになっています。

三連では、ほかの連よりも１字下げて「火～金」までの時間の流れを表し、この時間の流れによってさくらが散っていく様子を表現し、最後の四連によって、今年のさくらが終わることを表しています。

三連とほかの連との違いが、作品の変化を生む役目をしています。

この用語から活用できること

詩には、何人かで次から次へと詩を書き、それがきちんとつながるようにつくっていく「連詩」という創作の方法があります。テーマを決めた上で、「一人が１行ずつつくって、つなげていく。」「一人が一連ずつつくって、つなげていく。」などの方法があります。特に後者は、連のはたらきを意識できる活動となります。

白石範孝の
国語コラム

額縁構造

　物語の中には、独特な構造をもつ作品があります。不思議な世界への「入り口」と「出口」をもつファンタジーなどです。

　そんな特徴的な構造の1つに、「額縁構造」があります。

　額縁構造とは、〈はじめ〉と〈おわり〉の物語を外枠として、その内側に短い物語を埋め込んでいく、入れ子構造の形式です。

・外枠が現在で、内側が過去の話。
・外枠に作者がいて、内側は別の人物が作者に語った1人称の話。

――などの構造形式があり、「やまなし」（光村６年）が、代表的な額縁構造の作品です。

　額縁構造の作品を教材として使用する場合には、子どもたちにこの特殊な構造で作品が構成されていることをおさえさせたうえで、なぜこのような構造になっているのかを考えさせながら読んでいきます。

　例えば「やまなし」では、まず、最初と最後の一文にある「青い幻灯」に目を向けさせて、全体の構造を確認させます。また、物語の最後の「私の」という言葉から、この幻灯が作者・宮沢賢治自身のものであり、賢治の思いが描かれていることを感じさせることができます。

　この構造は、作品の主題をとらえる場合にも影響します。

　子どもたちにこの作品の内容を一文で書かせると、当初は「かにの兄弟たちが、やまなしの恵みによって、幸せな気持ちになる話」という一文になりがちです。

　しかし、最初と最後の一文が額縁になっていることに気づくと、一文で書く場合には「賢治は、やまなしが落ちてきた12月を通して、実り豊かな恵みある世界の素晴らしさを伝えようとしている話」となり、作者・宮沢賢治はこの物語を通して「生」の素晴らしさを描こうとしたことが伝わってきます。

　物語の構造をしっかりとらえることが、物語を読むうえで大切であることが、このことからもわかると思います。

第3章
共通の用語

【作品を象徴するキーワード】

題名《だいめい》

説明文、物語、詩のいずれにおいても、題名はその文章の主張や要旨、主題など、書き手が描きたかったことと深く関わっている。

●関連用語：主題 p.50　登場人物 p.52　中心人物 p.54
出来事 p.60　山場 p.62

「題名」に着目することで、読みの方向性をもつことができる。

「題名」に何が表されているか

説明文や物語・詩の題名は、次のように分類でき、それぞれ、下の表のような特徴をもっています。

《説明文の題名》

・「筆者の主張」を題名にしたもの
・「題材」を題名にしたもの
・「話題・課題」を題名にしたもの

《物語・詩の題名》

・「物語の主題」「詩のテーマ」に関連した事柄を題名にしたもの
・「登場人物」を題名にしたもの
・「出来事やエピソード」を題名にしたもの

「題名」から読みの方向をつくる

題名に着目したり、題名を使った問いの文をつくったりすることで、読みの方向性をもつことができます。

例えば、「筆者の主張」を題名にした説明文や「作品の主題」に関連した事柄を題名にした物語であれば、「○○って何？」「△△ではなく、××もいいのにね。」といった問いを与え、抽象化された題名の具体を想像することで、題名が何かを象徴していることに気づかせることができます。

また、「題材」や「中心人物」を題名としたものでは、「○○はどうなった？」という問いで、話題の中心や中心人物の変容に着目させることができます。

説明文の題名	物語・詩の題名
「筆者の主張」を題名にしたもの 「世界にほこる和紙」など 筆者の意見や持論がそのまま表れており、筆者が何を主張しようとしているのかをとらえることができる。 読み手の興味を引くことが多く、読みの方向が定められる。また、読み手は筆者の主張を題名から先にとらえているため、展開を予測しながら読み進めることができる。	**「作品の主題に関連した」事柄を題名にしたもの** 「やまなし」など 作品の主題を短い言葉で表したもの。主題につながるキーワードを題名として使用する場合もある。
「題材」を題名にしたもの 「うみのかくれんぼ」など 何についての説明なのかが表れており、筆者が何を事例として説明しようとしているかをとらえることができる。読み手は題材を取り上げた理由を考えながら読み進めることができる。	**「登場人物」を題名にしたもの** 「ごんぎつね」など 多くの場合、登場人物のうち、中心人物の名前があげられる。
「話題・課題」を題名にしたもの 「たんぽぽのちえ」など 筆者がどんなことについて説明、主張しようとしているかをとらえることができる。「題名そのものが問いの形になっていて、そのまま読みの課題となるもの」と「題名を問いの形にすることによって、読みの課題が明確となるもの」とがある。	**「出来事やエピソード」を題名にしたもの** 「なまえつけてよ」など 中心人物が変容するきっかけとなる出来事などを表現している。クライマックスのある場面を表していることが多い。

教材に見る「題名」

題名を使った問いの文	段落	題名を使った問いに対する答え
・「すがたをかえる大豆」は何にすがたをかえるの？	❸	豆まきに使う豆、に豆
	❹	きなこ
	❺	とうふ
	❻	なっとう、みそやしょうゆ
	❼	えだ豆、もやし
・「すがたをかえる大豆」はどのようにすがたをかえるの？	❸	大豆をその形のままいったり、にたりして、やわらかく、おいしくする
	❹	こなにひく
	❺	大切なえいようだけを取り出す
	❻	目に見えない小さな生物の力をかりる
	❼	とり入れる時期や育て方をくふうする
・「すがたをかえる大豆」はいくつあるの？	❸❹❺❻❼	5つ

「すがたをかえる大豆」 国分 牧衛（「光村図書『国語』令和２年度３年下）

【説明文】 ※「課題」を題名にした教材

「**すがたをかえる大豆**」の授業で、「題名をそのまま使って、問いの文をつくりましょう。」と投げかけると、次のような問いが出てきます。

・「すがたをかえる大豆」は何にすがたをかえるの？
・「すがたをかえる大豆」はどのようにすがたをかえるの？
・「すがたをかえる大豆」はいくつあるの？

そこで上の図のように、段落ごとに見ていくと、１つの段落に「何にすがたをかえるのか」と「どのようにかえるのか（くふう）」が書かれています。

ここで示されている「どのように（くふう）」の手順を読むことを通して、「すがたをかえる」ためにたくさんの手が加えられていることがわかります。

また、具体と抽象の観点で見ると、「手順」が具体を示し、「くふう」が抽象を示すという関係になっていることに気づきます。

題名を問いの文にして答えを探すことを通して、何が述べられているかを読むことができるのです。

【物語】 ※「出来事やエピソード」を題材にした教材

「**なまえつけてよ**」（光村５年）では、春花が、牧場のおばさんに子馬に名前をつけることを頼まれたときには「名前、つけてよ」という表記です。しかし、題名には勇太が春花に渡した折り紙の馬に書いてあった「なまえつけてよ」という表記が使われています。

この２つの表記は、読点（、）の有無、平仮名と漢字の違いがあります。それぞれの効果を考えると、勇太の春花に対する優しさがわかります。

〈読点（、）なし〉		〈読点（、）あり〉
・つけることが大切	⇔	・名前が大切

〈平仮名の効果〉		〈漢字の効果〉
・やさしい感じ	⇔	・かしこまった感じ
・幼い感じ	⇔	・大人の感じ

この話を一文で書かせると、はじめは「春花が、牧場のおばさんに子馬に名前をつけることを頼まれて、名前をつけることができなかった話」といったものが多く出てきますが、題名に着目させることで「春花が、勇太の優しさに触れて、勇太に対する見方が変わる話」というような一文で書くことができるようになります。

【筆者·作者の意図がある】

くり返し《くりかえし》

文章を書く際の技法の1つ。表記や意味、構成などをくり返すことによって、その事柄が強調される。

●関連用語：主題 p.50　おもしろさ p.70　リズム p.84　表記 p.94
表現技法と効果 p.102

何をくり返すのかによって、目的や効果が異なる。

「くり返し」の種類

くり返しには、次の３種類があります。

・表記のくり返し
・意味のくり返し
・構成のくり返し

「くり返し」の活用

【説明文】

くり返しに着目して読むことで、くり返しの効果に気づくことができた場合、書く活動へ活かすことができます。

例えば、「 観察→実験→結果→考察 」という構成のくり返しで本論が成り立っていることを学習したら、それを他教科である理科と連携することもできます。国語科においては、構成のくり返しを活用できるというよさがあり、理科においては、構成のくり返しを生かして書く活動で、学習内容の定着を図ることができます。

【物語】

物語は中心人物の変容が描かれています。物語の中で中心人物のこだわりは、もち続ける思いや願いとして、初めから終わりまで描かれています。この中心人物のこだわりが、作品全体にわたってくり返し出てきます。「くり返し」に着目して読むことで、作品の主題へとせまることができます。

	内容	効果
表記のくり返し	語や文がくり返される。物語では、話している人物や人数、時や場所の変化を伴うこともある。	リズム感が生まれる。音読ではその心地よさ、楽しさを味わうことができる。低学年の教材に多い。
意味のくり返し	同じ事柄を、いろいろな言葉に言い換えてくり返される。	筆者·作者が伝えたい内容·事柄が強調され、説得力のある文章になる。 説明文では、伝えたい内容を少しずつ解き明かしていくような筆者の述べ方を読むことができる。 物語では、中心人物のこだわりに関係することが多い。
構成のくり返し	説明文では、例えば「問い→事例→答え」といった構成が、物語では、人物の登場の仕方や交わされる会話、出来事、技法などがくり返される。	説明文では、文や段落の役割など構成そのものを解き明かすことによって、説得力のある文章の仕組みをとらえることができる。 物語では、作品のおもしろさにつながることが多い。

教材に見る「くり返し」

【説明文】 ※「構成のくり返し」がある教材

「**こまを楽しむ** 」では、構成のくり返し（説明の順序）をとらえ、書く活動へ活かす授業を行うことができます。

この説明文は、６種類のこまが１段落で１つずつ説明されており、段落ごとの文の数、説明の順序が次のようにくり返されています。

１文目…名前と楽しみ方
２文目…つくりの工夫
３文目…回し方・回る様子
４文目…補足（つけたし）の説明

これらをとらえたうえで、子どもたちの身近にあるこまや、知っているほかのこまを取り上げて書く活動を設定するようにします 。

その際、いきなり文章にまとめるのではなく、くり返されている内容を表にまとめ、それによって視覚化された説明の順序のくり返しを活かして、紹介する文章を書くことも考えられます。

「こまを楽しむ」で、くり返されている内容

	❷段落	❸段落	…
名前と楽しみ方	色がわりごま。回っているときの色を楽しむ。	鳴りごま。回っているときの音を楽しむ。	
つくりの工夫	表面には、もようがえがかれている。	こまのどうは大きく、中がくうどうになっていて、どうの横には、細長いあなが空いている。	
回し方・回る様子	ひねって回すと、もようにに使われている色がまざり合い、元の色とちがう色にかわる。	ひもを引っぱって回すと、あなから風が入りこんで、ボーッという音が鳴る。	
補足（つけたし）の説明	同じこまでも、回すはやさによって、見える色がかわってくる。	うなりごまともよばれている。	

「こまを楽しむ」 安藤　正樹（光村図書『国語』令和２年度３年上）

【物語】 ※「構成のくり返し」がある教材

「**きつねのおきゃくさま**」も、構成のくり返しが見られる作品です。

子どもたちに「くり返されていることを見つけてごらん」と課題を示すと、次のようなくり返しを見つけます。

・出合い（「どこかにいいすみか、ないかなあ。」）
・これまで言われたことのないような言葉を言われ、喜び、そのように行動すること。
（「きつねお兄ちゃんは～」）
・言われたように行動しているきつねだが、太らせてから食べようと、ひそかに思っていたこと。
（「…は、まるまる太ってきたぜ。」）

下の図で示しているように、すみかを探すひよこ、あひる、うさぎが登場する度に同じようにくり返されています。ここで着目したいのは、そのくり返しが変化を伴っているという点です。例えば、きつねお兄ちゃんの呼び名は「やさしい」から「親切な」、そして「かみさまみたいな」と変化しながらくり返されています。このくり返しを子どもたちがとらえることは、作品のおもしろさを味わうことと大きく関係してきます。

これらのくり返しに着目することで、きつねを信じて一緒に生活している「ひよこ・あひる・うさぎ」に対するきつねの揺れ動く気持ちが強調されます。中心人物「きつね」の行動や心情の変化が強調され、くり返しがあることで、くろくも山のおおかみと戦う場面の「きつね」の行動や心情が強調されていることに気づきます。

「きつねのおきゃくさま」の構成のくり返し

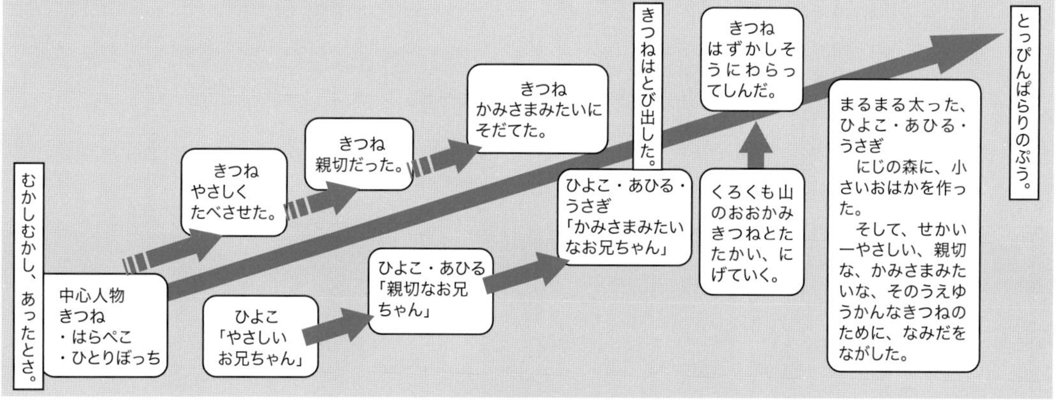

「きつねのおきゃくさま」 あみん　きみこ（教育出版『小学国語』令和２年度２年上）

【使い分けに筆者の意図が表れる】

表記《ひょうき》

文章を書くときの、漢字、平仮名、片仮名の使い分けや、符号の使い方。
表記を工夫することによって、文章を読みやすくしたり、書き手の思いや伝えたいことを強調したりすることができる。

●関連用語：表現技法と効果 p.102

「表記」を意識することで、作り手の思いや考え（強調したい点）をとらえることができる。

「表記」とは

表記を適切に使ったり、工夫したりすることによって、文章を読みやすくしたり、書き手の思いや考えを強調したりすることができます。また、文章を読むときにも、表記に着目することによって、筆者や作者の意図をとらえることができます。

例えば「雪が降ってきた。」と「雪が、降ってきた。」とでは、読点で区切った後者のほうが、「雪」が強調され、書き手が伝えたかったことが何なのかがわかりやすくなります。

「表記」の使い分け

表記には、文字に関する表記と、符号に関する表記があります。

文字に関する表記には、漢字、平仮名、片仮名の使い分けがあります。符号に関する表記とは、「。（句点）」や「、（読点）」などの記号の使い方のことです。それぞれの使い方の原則を知ったうえで、その表記を用いた意図やねらいをとらえることが必要です。

●符号に関する表記

符号	名称	使い方
。	句点	一文の意味を完結させるとき、言い切って文を終わるときに使う。
、	読点	文の句切れを示し、文節や語句を印象づけたいときに使う。
・	中点（中黒）	単語を並列させるときや、外国語や外国人名の区切りに使う。
――	中線	文末につけて、余韻をもたせるときに使う。
……	てんてん	
（ ）	かっこ	注釈的な語句につける。
「 」	かぎかっこ	会話文や引用、作品名、強調したいときに使う。
『 』	二重かぎかっこ	「 」の中の文中の語句に、さらに「 」をつけたいときや、本の書名などに使う。

●文字に関する表記

種類	使い方	特徴
漢字	おもに名詞や形容詞と動詞の語幹、抽象語などの漢語、人名などに使われる。	平仮名で書くよりも、かたい感じや、かしこまったイメージになる。 （例）「なまえ」⇔「名前」、「あかい」⇔「赤い」など 漢字自体に意味があるので、言葉の意味をイメージしやすい。 （例）「じゅうなん」⇔「柔軟」、「へいや」⇔「平野」など
平仮名	和語を中心とした言葉や送り仮名、接続詞や助詞などの品詞などに使われる。	漢字で書くよりも、やわらかい感じや、優しいイメージになる。 表音文字なので簡単に読めるが、同音異義語がある場合などに、意味をとらえにくい。 （例）「こうそく（高速、拘束、光速、校則、梗塞）」など
片仮名	外来語や外国語、学術用語・専門語、技術・科学用語、動植物・生物の名前、擬音語・擬態語などに使われる。	擬態語、擬声語などは、平仮名で書くよりも、鋭い感じや激しい感じになる。 （例）「きらきら」⇔「キラキラ」、「どーん」⇔「ドーン」など 「生物」としての名称は片仮名で書き、それを人間が利用する場合は漢字や平仮名で書くことが多い。 （例）「ブタ」⇔「ぶた肉」、「スギ」⇔「杉板」など

教材に見る「表記」

はじめ

❶いろいろな食品にすがたをかえて気づかれない大豆。
❷大豆は、ダイズという植物のたね。昔からいろいろ手をくわえて、おいしく食べるくふうをしてきた。

なか

〈なか 1〉「大豆」

A
❸（いちばん分かりやすいのは）大豆をその形のままいったり、にたりして、やわらかく、おいしくするくふう。
❹（次に）こなにひいて食べるくふう。

B
❺（また）大豆にふくまれる大切なえいようだけを取り出して、ちがう食品にするくふう。
❻（さらに）目に見えない小さな生物の力をかりて、ちがう食品にするくふう。

〈なか 2〉「ダイズ」

❼（これらの他に）（ダイズの）とり入れる時期や育て方のくふう。

おわり

❽いろいろなすがたで食べられている大豆。昔の人々のちえにおどろかされる。

「すがたをかえる大豆」 国分 牧衛（光村図書『国語』令和２年度３年下）

漢字と片仮名の使い分けに着目して、文章構成図をつくる

「すがたをかえる大豆」の文章構造を明らかにし、文章構成図をつくります。

この教材は、〈はじめ〉〈なか〉〈おわり〉に分けることは比較的簡単にできます。ところが、〈なか〉の❸～❼段落がどのようにつながっているのかを問うと、「❸～❼段落が直列につながっている」という意見と、「まっすぐ１本にはつながっていない」という意見が出てきます。

そこで、「５つの事例はどのように仲間分けすることができますか？」と投げかけると、❼段落だけ、「大豆」ではなく「ダイズ」と片仮名で表記されていることに気づきます。

さらに、「『大豆』と『ダイズ』にはどのような違いがあるのだろう？」と問うと子どもたちは、❷段落の「大豆は、ダイズという植物のたねです。」という文に着目し、「ダイズ」と片仮名で表記されているのが植物で、「大豆」と漢字で表記されていると、育った実を表していることに気づきます。

これらのことから、❸～❻段落は、大豆に手を加えた事例であること、❼段落はとり入れる時期や育て方という新しい別の観点で「ダイズ」に手を加えてつくられた事例であり、単純につけたされた事例ではなく、別で扱われていることに気づいていきます。

このように表記の違いに着目して文章構成図をつくると、〈なか〉は１本につながっているのではなく、〈なか１〉と〈なか２〉に分かれており、下の図のようになることがわかります。

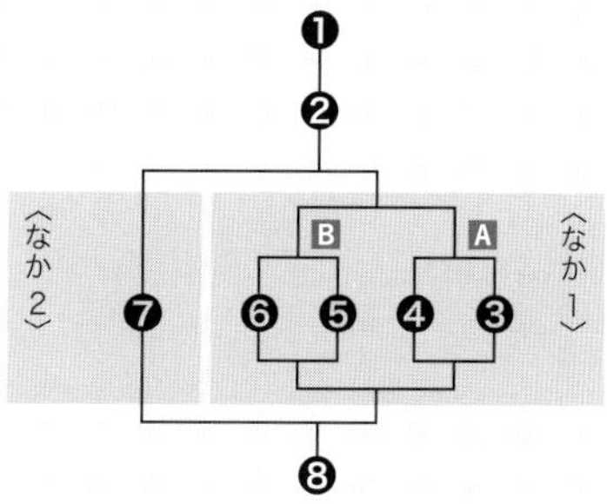

この用語から活用できること

「なまえつけてよ」（光村５年）では、「名前、つけてよ」と「なまえつけてよ」という、同じ内容でも表記が異なる２通りの表し方があります。「漢字と平仮名」「、（読点）の有無」の違いから、それぞれが強調していることや、人物の心情や性格を想像することができます。

【役割は「指し示す」だけではない】

指示語《しじご》

物事を指し示すはたらきをもつ言葉。文脈の中で言葉や事柄を指し示したり、位置関係を表したりする。「こそあど言葉」ともいう。

●関連用語：要約 p.36　表現技法と効果 p.102

指示語が指し示していることを正確に読み取ることが、豊かな読みにつながる。

「指示語」の種類と役割

物事を指し示す言葉は、「こそあど言葉」として、教科書で取りあげられており、下の表のようなものがあります。

指示語は、身の回りのものを指し示すだけではなく、文脈の中で言葉や事柄を指し示す役割をもち、直前の内容をくり返すことをさけるのに用いられます。

説明文でも物語でも、指示語が指し示している内容を正確にとらえることはとても重要です。

説明文のまとめの段落では、指示語によりまとめられている内容を対応させることで、まとめ（筆者の考え）と文章全体とのつながりをつかむことができます。

物語では、例えば、指示語によって登場人物の位置関係を示すことで臨場感をもたせたり、そのもの以上の意味をもたせたりする効果があり、豊かな読みにつなげることができます。

「指示語」が指し示す内容を読み取る方法

指示語が指し示す内容を確認するためには、次のようにして読み取ります。

①指示語より、前の文から探す

文章中では、直前の内容のくり返しをさけるために指示語が用いられているので、もとの言葉は、指示語より前の文や段落にあります。

②指し示すものが単数か複数かをとらえる

指示語には単数を指し示すものと複数を指し示すものがあります。「これ・それ」は単数なので指し示すものは１つです。「これら・それら」は複数なので、指し示すものは２つ以上あります。「それぞれ」は、２つのことを指し示します。

③文章を体言化して当てはめる

指示語が指し示す語や文の場合は、それを、そのまま指示語と置き換えると文が整わないことがあります。そのような場合は、その語や文を体言止めにするか、「～こと・もの」を文末につけて体言化します。

こそあど言葉

こ （自分に近い）	そ （相手に近い）	あ （どちらからも離れている）	ど （はっきり決められない）	指し示しているもの	品詞
これ	それ	あれ	どれ	物事	名詞 代名詞
ここ	そこ	あそこ	どこ	場所	
こちら・こっち	そちら・そっち	あちら・あっち	どちら・どっち	方向	
この	その	あの	どの	限定	連体詞
こう	そう	ああ	どう	様子・状態	副詞
こんなだ	そんなだ	あんなだ	どんなだ		形容動詞

教材に見る「指示語」

はじめ	なか				おわり
問い	ありの様子を観察する実験	仮説	体の仕組みを研究	考察	結論
❶なぜ、ありの行列ができるのでしょうか。	❷ありの様子をかんさつする実験をしたウイルソン ❸ありの巣から少しはなれた所に、さとうをおく実験とかんさつ ❹道すじに大きな石をおいて、ありの行く手をさえぎる実験とかんさつ	❺これらのかんさつから、ウイルソンは、はたらきありが、道しるべをつけたと考えました。	❻はたらきありの体の仕組みを、研究するウイルソン ❼この研究から、ウイルソンは、ありの行列のできるわけを知ることができました。	❽えきを地面につけながら歩くはたらきあり。	❾このように、においをたどって、えさの所へ行ったり、巣に帰ったりするので、ありの行列ができるというわけです。

「ありの行列」大滝　哲也（光村図書『国語』令和２年度３年下）

「指示語」に着目して、筆者の主張を読む

「ありの行列」は、問い→実験・観察→仮説→研究→考察→結論という段落構成で論証した実験観察型の説明文です。この説明文に使われている指示語に着目して、問いに対する答えを読んでみます。

段落のつながりから、「実験・観察→仮説→研究」の流れをとらえ、ウイルソンのしたことをまとめます。そのために、「ウイルソンは、何をして、ありの行列のひみつを見つけたのか。120字以内でまとめましょう。」という課題を出します。

この文章で、実験・観察と研究をまとめているのは❺段落と❼段落です。ウイルソンが、どんな実験・観察と研究をしたかを明確にするには、この２つの段落のはじめにある「指示語」が何を指し示しているのかをとらえる必要があります。

❺段落の冒頭は、「これらのかんさつから、ウイルソンは、……と考えました。」です。「これら」は、複数を指し示しています。つまり、❸段落と❹段落にある２つの実験についての観察を指し示していることがわかります。

そこで、それぞれの段落のはじめの文を、「かんさつ」を文末にして体言化してまとめると、「ありの巣から少しはなれた所に、さとうをおく実験とかんさつ」と「道すじに大きな石をおいて、ありの行く手をさえぎる実験とかんさつ」となります。これが❺段落の冒頭の「これら」が指し示していることです。

次に、❼段落の「この研究から、ウイルソンは、ありの行列の……できました。」の「この」は、❻段落の研究を指し示しています。そこで、研究について説明している文に着目し、「はたらきありの体の仕組みの研究から」とまとめます。

以上のことから、次のようにまとめられます。

> ウイルソンの実験と研究から、ありはにおいをたどってえさの所へ行ったり来たりするので、行列ができるのです。

この用語から活用できること

「指示語」が指し示す事柄を正しくとらえ、もとの言葉と置き換えることで、目的に応じて、文章の内容をまとめることができます。

【どうつなげているのかが大切】

接続語《せつぞくご》

文と文、段落と段落を結ぶ言葉。文章構成やその後の論理展開をつかむ手がかりとなる。

●関連用語：形式段落 p.26　意味段落 p.28　文章構成図 p.32　主題 p.50

「逆接の接続語」の後には、重要な叙述がある。

「接続語」の種類と役割

「接続語」は、前後の文と文、段落と段落をいろいろな関係で結ぶ言葉で、接続詞と接続助詞があります。

「接続語」の分類の仕方はいろいろありますが、大きくは「順接」「逆接」「累加・添加」の３つに分けられます。

種類	役割	例
順接	前の結果が後に続く	「それで」「すると」「だから」など
逆接	前とは反対のことが続く	「しかし」「でも」「ところが」など
累加・添加	前につけ加える	「さらに」「そのうえ」「しかも」など

「逆接の接続語」の後に要注意

なかでも、特に着目したいのが「逆接の接続語」です。「逆接の接続語」の前後を比べると、後に書かれている文のほうが際立ち、強調されます。

したがって、次のようなことがいえます。

・説明文では、逆接の接続語の後に、筆者の主張に結びつく記述がある。

・物語や詩では、逆接の接続語の後に、主題に結びつく記述がある。

つまり、逆接の接続語の後に書かれていることを関連づけることによって、筆者の主張や主題をまとめる手がかりとすることができます。

「接続語」のはたらき

接続語は、単に前後を「つなぎ合わせる」だけではなく、文や段落のはじめについて、その後の展開のガイドや、筆者の論理展開を追うための目印となります。

したがって、接続語に着目することにより、前後の文同士、段落同士のつながりをつかむだけでなく、文章構成やその後の論理展開をとらえる手がかりとすることができます。

例えば、「また」「あるいは」といった「列挙を示す接続語」で始まる段落が続いている場合、それらの各段落は、横（並列）に並んでいることがわかります。似ていますが、「まず」「つぎに」「最後に」など「順序を示す接続語」であれば、各段落を縦（直列）につないでいます。これらのことは、文章構成図をつくるときに役に立ちます。

さらに「おわりに」「このように」など、「まとめを示す接続語」で始まる段落は、それまでの内容を受けてまとめるはたらきをしていることがわかります。ただし、文章全体のまとめをしている場合と、直前のいくつかの段落のまとめをしている場合とがあるので注意が必要です。

はたらき	接続語の例
話題を起こす	まず、はじめに、さて
順序を示す	まず、つぎに、最後に
列挙を示す	また、第二に、つぎに、このほかに、あるいは
具体を示す	例えば
理由を示す	だから
話題を広げる・展開することを示す	しかし、ところで、では、それでは、さらに
まとめを示す	おわりに、こうして、このように

教材に見る「接続語」

「接続語」に着目して、筆者の主張をとらえながら読む

「**数え方を生みだそう**」を、接続語「しかし」に着目しながら読み進めます。

まず、❸、❹段落で、次のように述べられています。

> ❸……日本語を使って生活している人たちは、そういった細長さ以外の特ちょうや好ききらいには注目することなく、ニンジンは「一本」と数えているのです。
> ❹これはあたりまえのように感じるかもしれません。しかし、日本語を外国語として勉強している人たちにとっては、大きなおどろきなのです。……

「数え方を生みだそう」 飯田 朝子
（東京書籍『新しい国語』令和２年度４年下）

「しかし」の前で述べられている「あたりまえのように感じる」こととは、ニンジンを、「細長い」という特徴だけに注目して「一本」と数えていることです。

一方、「しかし」の後で述べられているのは、この日本語の数え方が、日本語を外国語として勉強している人たち――つまり、日本以外の人たちにとっては「あたりまえのこと」ではないということです。

「しかし」のように、「逆接の接続語」でつなぎ合わされている場合は、接続語の後に筆者の主張がくるので、筆者は「私たちがあたりまえと思っている日本語の数え方が、実はあたりまえのことではないのだ」ということをいいたいことがわかります。

このように、接続語に着目することにより、文章の論理展開がつかみやすくなり、筆者の主張の方向をとらえながら読み進めることができます。

「接続語」が、登場人物の心情を引き出す

「**かさこじぞう**」で、じぞうさまが、じいさまとばあさまのうちに、そりを引いてやってくる場面です。

> ……そりを引くかけ声がしてきました。
> 「長者どんのわかいしゅが正月買いもんをしのこして、今ごろ引いてきたんじゃろうか。」
> ところが、そりを引くかけ声は、長者どんのやしきの方には行かず、こっちに近づいてきました。……

「長者どんのやしきに向かっている」という予想を裏切って、「こっち」であるじいさまの家にやってくるという意外な展開がくり広げられます。

この「ところが」は、「まさか」という読み手の思いを引き出すとともに、じいさまとばあさまの心情も引き出しています。

その心情は、この後の叙述にも表れています。

> ……耳をすまして聞いてみると、
> ……じさまのうちはどこだ　ばさまのうちはどこだ
> と歌っているのでした。
> ……何やらおもいものを、ずっさんずっさんと下ろしていきました。……

「かさこじぞう」 いわさき きょうこ
（東京書籍『新しい国語』令和２年度２年下）

じいさまとばあさまは、この光景を目にしてはいません。真夜中、耳を澄ませてじっと聞いているのです。「かけ声がだんだんこちらにやってきて、しかも、自分たちのうちをさがしており、重いものを置いていったようだ……」という意外な展開に２人は、「まさか」「何だろう」という思いになったのでしょう。

その心情を引き出すきっかけになっている言葉が、接続語「ところが」なのです。

【さまざまな文脈をつくる役割】

文末表現《ぶんまつひょうげん》

文の末尾の表現。その文の役割を判断する材料となる。

●関連用語：形式段落 p.26　意味段落 p.28　文章構造図 p.32
文章構成図 p.32　要約 p.36

「文末表現」から文の役割がわかれば、段落の役割や文章構造をとらえることができる。

「文末表現」から文の役割を読み分ける

文章は、いくつかの文が集まってできており、それぞれの文には、

・断定
・問いかけ（問題提起）
・主張
・理由
・伝聞
・推量

などの役割があります。ある文の役割が何なのかは、「文末表現」によって判断することができます。

文末表現	文の役割
～でしょう。～でしょうか。～ですか。	問いかけ
～です。～のです。～だ。	断定
～からです。～だからです。～なのです。	理由
～ありません。	否定
～だそうです。～ということです。	伝聞
～らしい。～そうです。	推量
～である。～でなければならない。	主張
～ね。～みよう。	共感

各文の文末表現をしっかりおさえないと、文の意味を十分にとらえることができなかったり、取り違えてしまったり、文章全体の意味をとらえることができなかったりしてしまいます。

特に、「断定」「伝聞」「推量」の読み分けには注意が必要です。

● **「A さんが、言った。」**
…事実、または筆者が事実だと考えている情報
→「断定」

● **「A さんが、言ったそうだ。」**
…筆者が自分では確認できていない情報
→「伝聞」

● **「A さんが、言ったのだろう。」**
…確定的な根拠がない情報→「推量」

「伝聞」と「推量」については、その情報が事実であるとは限りません。特に「推量」は、筆者の想像や思い込みにすぎないことも考えられます。

一方、「断定」についても、「筆者が事実だと思い込んでいるだけ」という可能性も残ります。理由や根拠としてあげている事柄を注意深く検討する必要があります。

これらのことは、文章を読むときだけでなく、文章を書くときや、話すときにも意識して使い分けなければなりません。

「文末表現」から文章構造をとらえる

文末表現から文の役割がわかるということは、文末表現から形式段落の役割もわかるということになります。

段落の役割をとらえることは、文章構造をとらえることにつながります。

「文末表現」から文章構造をとらえる方法
①形式段落の大切な一文を見つける。
②文末表現から文の役割、段落の役割を把握する。
③段落がどのようにつながっているかを考える。
④意味段落から文章構造をとらえる。

教材に見る「文末表現」

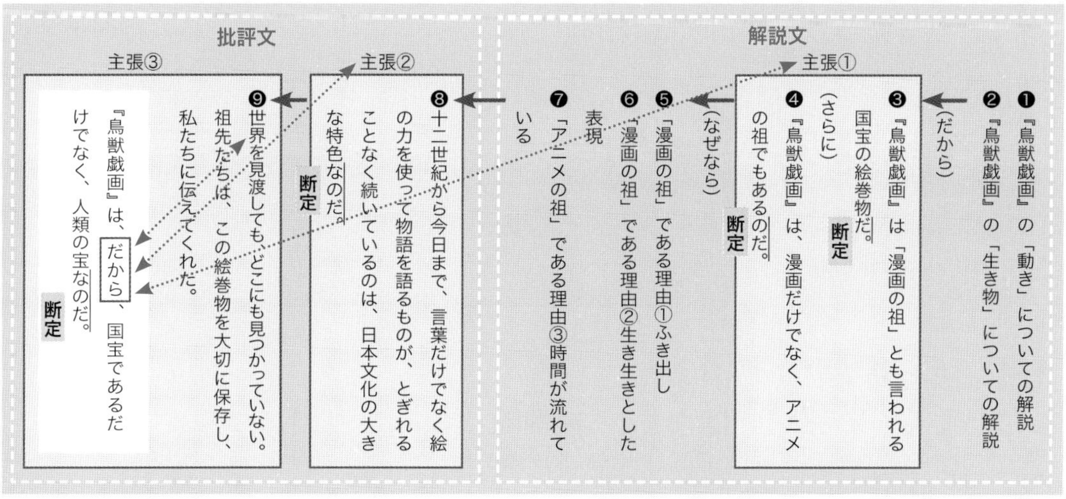

「『鳥獣戯画』を読む」 高畑 勲（光村図書『国語』令和２年度６年）

「文末表現」に着目して要約する

「**『鳥獣戯画』を読む**」を要約します。

この説明文の主張（要旨）は、❾段落の「『鳥獣戯画』は国宝であるだけでなく、人類の宝なのだ。」です。この主張を支えるための根拠となる文をとらえていきます。

まず、文章の前半にあたる❶～❼段落は、解説文の形式で書かれています。

❶、❷段落は、『鳥獣戯画』の説明が、「～している。」という文末表現を使ってリズミカルに書かれています。この段落を受けて、❸段落では「『鳥獣戯画』は「漫画の祖」ともいわれる国宝の絵巻物だ。」、❹段落では「『鳥獣戯画』は漫画だけでなく、アニメの祖でもあるのだ。」と、「断定」の文末表現を使用して主張が述べられていることがわかります。このとき、「接続語」を補って読むことで意味段落の関係をとらえやすくできます。

そして、❺～❼段落では、❸、❹段落の主張に対する理由が、「～ね。」や「～みよう。」など「共感」を表す文末表現を用いて書かれています。

後半にあたる❽、❾段落は、批評文の形式で書かれています。

❽段落では、「十二世紀から……とぎれることなく続いているのは、日本文化の大きな特色なのだ。」と「断定」の文末表現を用いていることから、主張だとわかります。そして、❾段落は、主張として「『鳥獣戯画』は、だから、国宝であるだけでなく、人類の宝なのだ。」と「断定」の文末表現で締めくくられています。

このように、文末表現に着目することで、❾段落の主張を支える３つの根拠をとらえることができます。

そして、最後の一文にあるだからが指す内容をとらえると、次のように要約することができます。

「漫画の祖」「アニメの祖」ともいわれる『鳥獣戯画』は、国宝であるだけでなく、人類の宝である。なぜなら、今まで、祖先たちが大切に保存してきたこの絵巻物は、言葉だけではなく絵の力を使って物語を語る日本文化の大きな特色を、私たちに伝え続けているものだからである。

この用語から活用できること

「文末表現」に着目することで、説明文の問いや主張、意味段落や要点をとらえることができます。また、物語では、視点の違いをとらえることもできます。

【「表現技法」と「効果」はセットで理解する】

表現技法《ひょうげんぎほう》と効果《こうか》

文章表現の技や工夫と、それによって得られる効果。作者・筆者がどんな効果を得ようとして書いているかをつかむ手がかりとなる。

●関連用語：五感 p82　音数 p.84　リズム p.84　くり返し p.92
表記 p.94

「表現技法と効果」を意識することで、「なんとなく」の感想ではなく、論理的な読みと表現につながる。

「表現技法」と「効果」をあわせてとらえる

「表現技法」とは、強調したり、感動を高めたり、余韻を残したり、調子を整えたりするために、意図的に用いられる文章表現の「技」や「工夫」のことです。「修辞法」ともいいます。

おもな表現技法として、「倒置法」「比喩」「擬人法」「くり返し」「体言止め」「対句」などがあります。

これらの表現技法については、名称を知っているだけでは役に立ちません。それぞれがもっている効果とあわせてとらえることではじめて、作品に込められた文章表現の技や工夫をつかむことができるのです。

「……を表現するためには、○○という表現技法を用いる。」

「○○という表現技法は、……という効果のために使われている。」

――というように、「表現技法」と「効果」をセットにして作品をとらえる読みをすることが大切です。

詩だけではない「表現技法と効果」

「表現技法と効果」というと、詩の世界で使われるものというイメージがありますが、物語や説明文の中でも多く使われています。物語では、強調するための「技」として「反復法」や「体言止め」などが使われたり、説明文でも筆者が最も強調したい言葉や内容の「くり返し」という技法が使われたりします。

このように、詩でも物語でも説明文でも、作者や筆者は、自分の思いを読み手にわかりやすく伝えるために、最もうまく表現できる効果を得ることができる、さまざまな「表現技法」を使っているのです。したがって、作品を読むときに、「どんな表現技法が使われているか」を視点として読むことで、作者や筆者がどんな効果を得ようとしているのかをつかむことができます。「表現技法と効果」をあわせてとらえることで、その作品を読む観点を明確にすることができるのです。

論理的な表現につながる

このことは、自分が表現主体となる「書く活動」においても同様のことがいえます。適切な表現技法を使うことで、読み手により伝えやすい文章を書くことができます。

もちろん、詩を創作する場面においても「表現技法と効果」を知り、活用していくことは、自分が思う世界を描くために大きな役割を担います。

例えば、楽しいことを表現するときには、「七五調」の技法を使うことでその楽しさをより表現でき、悲しい感じを表現するために「五七調」の技法を使うことでその悲しい内容を効果的に表現できるようになるのです。

「なんとなくさみしい感じがする」「なんだか楽しくなる」で終わらせるのではなく、「表現技法と効果」を意識した読みや表現を行うことが、論理的な読みだけではなく、論理的な表現につながっていくのです。

おもな表現技法と効果

	表現技法	効果
くり返し	**反復法、くり返し句（リフレイン）** 部分や全体のリズム感を作るために文や単語、語句などをくり返すこと。	・語り手や人物の心情の強さや高まりを示す。 ・作者や筆者の意図や強調したいと思う点を強化する。
	同語・同語句反復、類語・類語句反復 ・同じ語・語句、類語・類語句を２回以上くり返すこと。	・部分や全体のリズム感を作る。 ・語り手・人物の心情の強さを示す。
	同音反復、類音反復 ・同音反復 同音を２回以上くり返すこと。 ・類音反復 音素のいずれかが同じ音を２回以上くり返すこと。（音素とは、例えば、「か」なら「K」音や「a」音を指す。） ※ここでいう「音」は、「１音」を基準とする。	・音の響きがよくなる。 ・語り手の心情を表したり、ある雰囲気を作り出したりする。
律（外在律）	**五七調、七五調** 五七調や七五調のように、規則的な音数の配列によって作られるリズム、調子のこと。日本語の場合、外在律とは音数律。	・五七調…重厚な調子。重たい感じを与える。 ・七五調…軽快な調子。弾んだ感じを与える。
韻	**頭韻** 行の頭に同一の音をくり返すこと。	・音の響きをよくする。
	脚韻 行の末尾に同一の音をくり返すこと。	
擬声語・擬態語	**擬声語** 音声や物の音響などを写し取った語。	・音を通した、美的なあるいは独特な響き・調子を作る。 ・読者の聴覚に直接的にはたらきかけて、実感をもたせる。生々しく、臨場的な効果をあげる。
	擬態語 生き物の動作や容態、物事の状態や様子を表した語。 ※擬態語は事物を感覚的に写した語で、①視覚、②触覚、③味覚、④嗅覚などの身体的感覚に分けられる。	・読者の感覚（視覚・触覚など）にはたらきかけ、生き生きとした実感をもたせる。 ・リズム感を作る。

<table>
<tr><th></th><th>表現技法</th><th>効果</th></tr>
<tr><td rowspan="2">比喩</td><td>直喩
例えるものと例えられるものとをはっきり区別して、「あたかも」「さながら」「まるで」「ごとし」「ようだ」「みたいだ」「例えば」など、比喩であることを説明する言葉を明示すること。</td><td>・例えるものと例えられるものの類似性が示され、例えられているものの性質・状態が強調される。
・イメージが広がり、新しいものの見方や発見が可能になることがある。</td></tr>
<tr><td>隠喩（暗喩）
例えるものと例えられるものとをはっきり区別しないで、例えるものが明確にあげられず暗示されるだけで、比喩であることの説明語とされること。「まるで」や「ような」の類の言葉を伴わない。</td><td>・例えられるものがもっている性質・状態が強調される。
・多義的になりイメージが広がる。
・あるものを象徴する。
・例えられるものがもっているある側面が隠し消される場合がある。</td></tr>
<tr><td colspan="2">擬人法
人間でないものを人間のように表現する、比喩法の一種。</td><td>・人間以外のものに、ある人間的な特性を与える。
・親近感や躍動感を生じさせる。</td></tr>
<tr><td colspan="2">倒置法
日本語の通常の語順を逆転して表現する技法。次の３つがある。
① 主語と述語の逆転　(例)「だまれ、お前は。」
② 修飾語と被修飾語の逆転　(例)「彼女は泣いていた。メソメソといつまでも。」
③ 独立語の位置の逆転　(例)「久しぶりだね、君」
※倒置法は一文の中で起きる形と、文と文の間で起きる形がある。</td><td>・語順を変えることによって、感動や驚き、強調したい自分の関心事や思いを強く相手に伝える。
・微妙な感情を表し、文章の単調を破る。
・特に文末に起こる場合や、後ろの部分が強調される場合には、余情・余韻の表現として効果がある。</td></tr>
<tr><td colspan="2">対句
・同一または類似の構造をもつ句を並べること。
・音数がほぼ等しく、対比もしくは対応的な意味をもつ。</td><td>・リズム感を作る。
・内容的に整った感じを与え、安定感を生む。
・両者のコントラストを際立たせる。(対比)
・同傾向の特徴を強調する。(対応)</td></tr>
</table>

表現技法	効果
体言止め（名詞止め） 行末、または文末を体言（名詞・代名詞）で終えること。	・その語を提示し、強調する。 ・余韻・余情を生む。 ・リズムを変化させる。
漢字と平仮名の使い分け 同一の語を、あるところでは漢字で、あるところでは平仮名で表すこと。	○視覚的な違いを示す。 ・漢字は、かたい・重い・冷たい・厳しい感じ。 ・平仮名は、やわらかい・軽い・あたたかい・優しい感じ。 ○文脈と関わるイメージの相違を示す。 ○意味的な相違を示す。 ・漢字…意味的には明瞭で、イメージが限定される。 ・平仮名…意味的にはあいまいで、イメージが広がる。
見た目でわかる形の詩 語・語句・行などの配置、構成の工夫によって、詩を絵画的、図形的に描くこと。	○かかれたものの姿・形を絵画的（図形的）に連想させる。

■擬声語・擬音語・擬態語とオノマトペについて

「おもな表現技法と効果」の表では、「擬声語」と「擬態語」を取りあげました。

この２つの言葉と似た言葉に「擬音語」があります。これら３つの言葉が表していることの違い、特に、擬声語と擬音語の違いについて議論になることがあります。

結論から申し上げますと、「擬声語」「擬音語」「擬態語」について、明確な定義はありません。例えば、動物の声について「擬音語」とする場合と「擬声語」とする場合とがあります。また、「水がさらさら流れる」の「さらさら」について、「擬音語」としたり「擬態語」としたりするような場合もあるようです。

さらに、「擬音語」と「擬態語」は「擬声語」に含まれるとする考え方もあります。

本書では、表で示したように、「音声や物の音響などを写し取った語」を「擬声語」、「生き物の動作や容態、物事の状態や様子を表した語」を「擬態語」としました。また、「擬音語」は「擬声語」と同一として扱いました。

もちろん、これらの区分が完璧なものとはいえませんし、前述の通り、異なる考え方もあることでしょう。

しかし、「表現技法と効果」に関して大切なことは、本文中でも述べている通り、「技法の名称を覚えること」ではありません。その表現技法と効果の関係から、作者や筆者の意図をとらえることなのです。そのことを理解したうえで、これらの用語をおさえることが大切だと考えます。

なお、「オノマトペ」という言葉があります。この言葉の語源は「擬声語」を意味するフランス語ですが、国語では「擬声語」「擬音語」「擬態語」を総称する言葉として扱われることが多いようです。

■擬声語・擬態語のはたらき

■「おと」から

　詩「**おと**」には次のような多くの擬声語が使われています。

・ぽちゃん　ぽちょん　・ちゅぴ　じゃぶ
・ざぶん　ばしゃ　・ぴち　ちょん　など

　これらの多くの擬声語を巧みに使って、池の様子を表現することで、音を楽しみ、詩全体の明るさを感じさせています。

　そして、たくさんの擬声語が使われることでリズムを作り、池の中に落ちたものを生き生きと表現しています。

おと
いけ　しずこ

ぽちゃん　ぽちょん
ちゅぴ　じゃぶ
ざぶん　ばしゃ
ぴち　ちょん
ざざ　だぶ
ぱしゅ　ぽしょ
たぷん　ぷく
ぽつ　どぼん・・・

わたしは
いろんな　おとがする

「おと」（工藤　直子『のはらうた１』童話屋）

　語り手の視点を意識して、「水」そのものが語り手となっていることをとらえ、この語り手が相手によっていろいろな音を出していることを表現していることのおもしろさ、さらには、その音の「やさしさ」を平仮名で表現する擬声語のもつ効果にも気づかせていきます。

　「擬声語」が多く使われている作品では、作品中のオノマトペを声に出して読む音読を通して、作品をより豊かに、そして楽しく読んでいくことができます。

■「みず」から

　詩「**みず**」は、しりとり的な筋の展開と擬態語のおもしろさが感じられる作品です。

・「ばしゃ　ぴちゃ」：あしぶみする様子をとらえることができる。
・「ちょぴ　くちゃ」：どろんこができる楽しい様子をとらえることができる。
・「つるん　ころり」：すべってころぶ様子を楽しく表現している。

　これらの言葉の音数に着目すると２音、３音の言葉で構成されていることをとらえさせ、擬声語、擬態語の音数の仕組みから、リズムのよさをかもし出す効果をもっていることを気づかせます。

みず
こぶた　はなこ
わたし　みずたまり　すき
みずたまりで
あしぶみするのが　すき
あしぶみして
どろんこできるのが　すき
どろんこで
すべって　ころぶのが　すき
ばしゃ　ぴちゃ　ちょぴ
くちゃ　つるん　ころり
まっくろけ！
・・・・
わたし　みずあびも　すき

「みず」（工藤　直子『のはらうた１』童話屋）

■「それから」から

　詩「**それから**」は、「かなかな」と「なかなか」、「つぶつぶ」と「ぶつぶつ」、「とうとう」と「うとうと」、「うろうろ」と「ろうろう」、「そもそも」と「もそもそ」などのように言葉のおもしろさを表現しています。

それから
まど・みちお
かなかなが　なかなか　なかないと
つぶつぶが　ぶつぶつ　いいだしたとき
とうとうは　とうとう
うとうと　しはじめたが　かまわず
うろうろは　ろうろうと　うたいはじめた
だが　やいやいは　いやいやと　くびふるし
むかむかは　カムカムと　てを　ふるし
よせよせは　せよせよと　あおりたてるし
ようようまでが　うようよ　でてくるしまつ
そこで　そもそもが
もそもそ　たちあがろうとすると
またまた　たまたまが　まてまてと
てまひま　かけだすので
つべこべ　いうなと　あべこべが
みんなに　ぺこぺこ　してまわった
すると　するすると　てんから
ドシラソハムレットが　おりてきて
ドレミハソレカラーと　あいさつした
で　それから　はじまったそうな
なにがなにやらが…

「それから」（まど・みちお『まど・みちお全詩集一続』理論社）

　これらの言葉を取りあげて、２音の言葉のくり返しによって生まれているオノマトペの仕組みをとらえさせることができます。

　また、言葉の組み合わせによって、意味の違いが生まれてくることの楽しさも味わわせることができます。以上のような詩の特徴から、次のような内容をとらえ、内容を読ませていきます。

・すべての言葉が２音の言葉のくり返しとなっていることのおもしろさ。これは、オノマトペの言葉の仕組みと同じでリズム感を生みだしています。
・１つの言葉を逆さにすることで別の意味の言葉になることのおもしろさもあります。このおもしろさにオノマトペが生まれていることも楽しいです。
・同じ形態素「つぶつぶ」が「ぶつぶつ」というように２音節の言葉のくり返しによってできていることと、オノマトペもこの仕組みをもっていることを楽しみたいものです。

教材に見る「表現技法と効果（くり返し）」

ちいさい　おおきい

香山　美子

ちいさい　おおきい
ちいさい　おおきい
おおきくって　おおきくって　おおきくって
ちいさい
ぞうさんの　なみだ

ちいさい　おおきい
ちいさい　おおきい
おおきくって　おおきくって　おおきくって
ちいさい
かばさんの　むしば

ちいさい　おおきい
ちいさい　おおきい
ちいさくって　ちいさくって　ちいさくって
おおきい
かえるの　おなか

ちいさい　おおきい
ちいさい　おおきい
ちいさくって　ちいさくって　ちいさくって
おおきい
ありさんの　にもつ

ちいさい　おおきい
ちいさい　おおきい
ちいさくって　ちいさくって　ちいさくって
ちいさい
めだかの　あくび

ちいさい　おおきい
ちいさい　おおきい
おおきくって　おおきくって　おおきくって
おおきい
くじらの　くしゃみ

「ちいさい　おおきい」こうやま　よしこ（教育出版『小学国語』令和２年度２年上）

■くり返しのはたらき

■「ちいさい おおきい」から

詩「**ちいさい おおきい**」に使われているくり返しを活用して、創作活動へと発展した活動ができます。

①表現技法と効果を関連させて読む

この作品は、次のようなパターンの構成が基盤となり、このパターンがくり返されている作品です。

これを使って創作活動を行います。

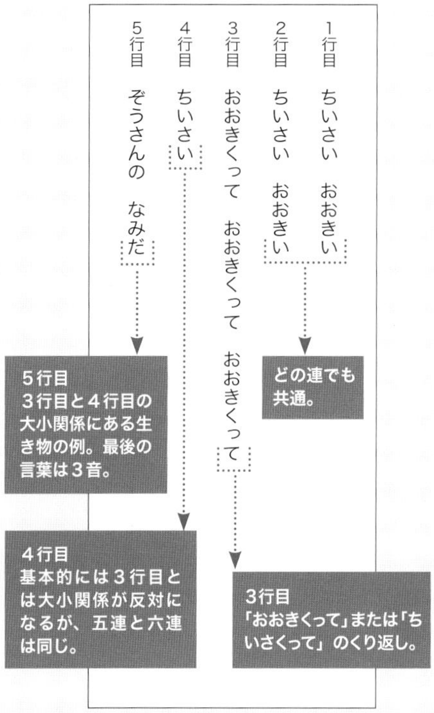

②六連の創作活動

①のような連の約束事を見つけ、下の図のような文型を使って、創作活動を行います。

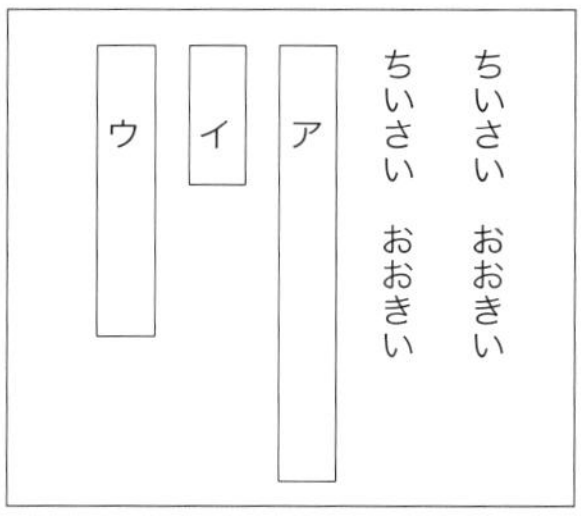

■「あめ」から

詩「**あめ**」は、「あめ」「ざんざか」「ふる」などの言葉がくり返されることによって、強い雨が長くふり続いている様子が描かれています。

しかも「ざんざか」は、「ざんざん」「ざかざか」と微妙に変化した表現も使われており、実際の雨が、風向きや風の強さの変化などによってふり方が変化する様子も伝わるよう工夫されています。

同じ言葉や表現をくり返すだけでなく、わずかに変化させることによってくり返しの効果が高まっているといえます。

あめ

山田　今次

あめ　あめ　あめ　あめ
あめ　あめ　あめ　あめ
あめは　ぼくらを　ざんざか　たたく
ざんざか　ざんざか
ざんざん　ざかざか
あめは　ざんざん　ざかざか　ざかざか
ほったてごやを　ねらって　たたく
ぼくらの　くらしを　びしびし　たたく
さびが　ざりざり　はげてる　やねを
やすむ　ことなく　しきりに　たたく
ふる　ふる　ふる　ふる
ふる　ふる　ふる　ふる
あめは　ざんざん　ざかざん　ざかざん
ざかざん　ざかざん
ざんざん　ざかざか
つぎから　つぎへと　ざかざか　ざかざか
みみにも　むねにも　しみこむ　ほどに
ぼくらの　くらしを　かこんで　たたく

「あめ」（山田　今次『少年詩集』横浜詩人会）

白石範孝の国語コラム

音読と用語

　国語の学習において「音読」が大切であることは、多くの方が認めることでしょう。

　では、その音読でも「用語」が大切であるという認識はおもちでしょうか。

「雨が降る。いつまでも。」

「ざーっ、ざーっと、雨が降る。」

「たらいをひっくり返したような雨が降る。」

「高い空から　雨が降る　むこうの町にも　雨が降る。」

　いずれもさまざまな雨が降る様子が目に浮かんできます。余韻を感じたり、雨なのに楽しい感じがしたりします。

　読んだ文章からそういったイメージを描くのは大切なことです。でも、国語の学習で大切なことは、イメージをもつことだけでなく、「なぜ、そう感じたのか」を明らかにすることです。

「なんとなく感じた」では、授業や学習とはいえません。「『倒置法』で余韻をつくりだしているな」「『七五調』で明るい感じにしているな」――と判断することで、作者がどんなことを表現したかったのかを、「なんとなく」ではなく、論理的にとらえることができ、それを、音読のさまざまな工夫につなげていくことができるのです。

　このとき「倒置法」「七五調」といった用語やその意味を知らないと、「そう感じた理由」を考えたり、言語化して説明したりすることが難しくなってしまいます。

　「子どもたちの感性に任せるべきだ」という意見もあります。確かに豊かな感性を育てることは大切です。そのためにも、「表現技法と効果」を論理的にとらえることが必要です。その土台がしっかりできてこそ、そのうえで感性の翼を大きく広げることができるのではないでしょうか。

さくいん

・さくいんでは、本書でとりあげた用語のほか、おもな学習用語も収録し、説明しています。青字の用語は本書でとりあげた用語、黒字の用語はその他の用語です。
・関連用語は、本書でとりあげた用語のうち、関連性の強いものを示しています。
・説：説明文の用語、物：物語の用語、詩：詩の用語、共：共通の用語

あ

あらすじ 物	登場人物がしたことや出来事を中心に、物語を簡潔にまとめたもの。「設定」を含めた 5W1H を手がかりとしてまとめる。説明文の「要約」にあたる。 関連用語　要約 p.36　登場人物 p.52　出来事 p.60　設定 p.66
アンケート調査《ちょうさ》 共	多くの人に同じ質問をして、答えを選んでもらったり、書き込んでもらったりすること。多くの人がどんな考えをしているのかなどを知ることができる。
暗唱《あんしょう》 共	物語や詩などを覚えて、何も見ないで声に出して表すこと。
暗喩《あんゆ》 共 p.104	➡隠喩

い

意見《いけん》 説 p.40	➡意見・理由・事実
意見《いけん》・理由《りゆう》・事実《じじつ》 説 p.40	文章に書かれている事柄や役割の、区別の仕方の 1 つ。 ・意見…筆者の判断や考え。 ・理由…意見の根拠や目的。 ・事実…意見や理由の土台となる客観的な事象や出来事。 関連用語　段落相互の関係 p.30　事例の順序 p.44　接続語 p.98 文末表現 p.100
一人称視点《いちにんしょうしてん》 物 p.74	語り手の視点の 1 つ。語り手が作品の中に登場し、「ぼくは」「わたしは」など、中心人物の主観で語る。 関連用語　語り手 p.74　視点 p.74　三人称限定視点 p.74 三人称全知視点 p.74　三人称客観視点 p.74　視点の転換 p.76
一文《いちぶん》で書《か》く 物 p.58	物語の内容を「〜が、〜によって、〜する（〜になる）話」という一文で書くこと。中心人物の変容をとらえることができ、作品をまるごと読むことにつながる。 関連用語　中心人物 p.54　変容 p.58　出来事 p.60
意味段落《いみだんらく》 説 p.28	段落のうち、述べられている内容のつながりがある形式段落をまとめたもの。 関連用語　具体と抽象 p.22　問いと答え p.24　形式段落 p.26 段落の主語 p.26　主語連鎖 p.28　段落相互の関係 p.30
韻《いん》 共 p.103	➡頭韻、脚韻
因果関係《いんがかんけい》 物	物語で起こることのうち、中心人物の変容に関係する出来事同士の関係やつながり。 関連用語　中心人物 p.54　変容 p.58　出来事 p.60
インタビュー 共	調べたり、発表したりするために、詳しく知っている人に直接会って話を聞くこと。

隠喩《いんゆ》 共 p.104	例えるものと例えられるものとをはっきり区別しないで、例えるものが明確にあげられず暗示されるだけで、比喩であることの説明語とされること。「まるで」や「ような」の類の言葉を伴わない。暗喩ともいう。 例えられるものがもっている性質・状態が強調される、多義的になりイメージが広がる、あるものを象徴する、例えられるものがもっているある側面が隠し消される場合がある――などの効果がある。 関連用語　表現技法と効果 p.102
引用《いんよう》 共	話や文章の中に、ほかで使われている言葉や文章・図表・写真などを使うこと。引用した部分は、そのまま抜き出し、かぎかっこ（「　」）をつけるなどしてほかと区別する。

お

奥付《おくづけ》 共	書物の末尾に、書名や作者・著者名、発行年月日、発行者、定価などを記した部分。
オノマトペ 共 p.105	**➡擬声語・擬音語・擬態語とオノマトペについて**
おもしろさ 物 p.70	読み手の心をかきたてるために、物語の中に仕組まれた設定や構成、語り手の視点などの工夫、技法、演出などの「しかけ」のこと。 関連用語　登場人物 p.52　出来事 p.60　伏線 p.68　語り手 p.74 視点 p.74　視点の転換 p.76
おわり 説 p.18 物 p.48	**➡説明文の基本三部構成、物語の基本三部構成**
音数《おんすう》 詩 p.84	ある言葉を音読するときに発する、音の数。文字数とは異なる。 関連用語　リズム p.84　連 p.86　表現技法と効果 p.102
音読《おんどく》 共	文や文章などを、声に出して読むこと。おもに、文章の内容を理解して、その理解を確かめたり深めたりするために使われる。

か

外在律《がいざいりつ》 共 p.103	**➡律**
会話文《かいわぶん》 物 p.78	登場人物が音声として発した言語を「　」で描写した表現。 関連用語　描写 p.78　直接表現 p.78　間接表現 p.78　心内語 p.78 行動描写 p.78　情景描写 p.78
かぎかっこ（「　」） 共 p.94	会話文や引用、作品名、強調したいときに使う。 関連用語　表記 p.94
箇条書き《かじょうがき》 説	題材に必要な事柄を、簡潔に１つひとつ並べる表し方。記号や数字を用いて表示することが多い。 箇条書きにすることで、事柄の順序がはっきりととらえやすくなる。 関連用語　要点 p.34　事例の順序 p.44
片仮名《かたかな》 共 p.94	外来語や外国語、学術用語・専門語、技術・科学用語、動植物・生物の名前、擬音語・擬態語などに使われる。 関連用語　表記 p.94　漢字と平仮名の使い分け p.105

語り手《かたりて》 [物] p.74	物語の中で、読み手に対して登場人物の行動や気持ちを説明する人。「話者」ともいう。「作者」「会話文の話者」とは区別してとらえる必要がある。 [関連用語] 登場人物 p.52　中心人物 p.54　クライマックス p.64 視点 p.74　視点の転換 p.76
かっこ［(　)］ [共] p.94	注釈的な語句につける。 [関連用語] 表記 p.94
漢字《かんじ》 [共] p.94	おもに名詞や形容詞と動詞の語幹、抽象語などの漢語、人名などに使われる。 [関連用語] 表記 p.94　漢字と平仮名の使い分け p.105
漢字《かんじ》と平仮名《ひらがな》の使い分け《つかいわけ》 [共] p.105	同一の語を、あるところでは漢字で、あるところでは平仮名で表すこと。次のような効果がある。 ・視覚的な違いを示す。（漢字は、かたい・重い・冷たい・厳しい感じ。平仮名は、やわらかい・軽い・あたたかい・優しい 感じ。） ・文脈と関わるイメージの相違を示す。 ・意味的な相違を示す。（漢字…意味的には明瞭で、イメージが限定される。平仮名…意味的にはあいまいで、イメージが広がる。） [関連用語] 表記 p.94　表現技法と効果 p.102
間接表現《かんせつひょうげん》 [物] p.78	**➡会話文、心内語、行動描写、情景描写**

き

擬音語《ぎおんご》 [共]	**➡擬声語・擬音語・擬態語とオノマトペについて**
起承転結《きしょうてんけつ》 [物]	物語の構成で、設定・展開・山場・結末の４つの部分に当たる。起承転結を意識して文章を作成すると、相手に伝わりやすくなる。 [関連用語] 基本三部構成（物語）p.48　場面 p.72
擬人法《ぎじんほう》 [共] p.104	人間でないものを人間のように表現する、比喩法の一種。 人間以外のものに、ある人間的な特性を与える、親近感や躍動感を生じさせる──などの効果がある。 [関連用語] 表現技法と効果 p.102
擬声語《ぎせいご》 [共] p.103	音声や物の音響などを写し取った語。次のような効果がある。 ・音を通した、美的なあるいは独特な響き・調子を作る。 ・読者の聴覚に直接的にはたらきかけて、実感をもたせる。生々しく、臨場的な効果をあげる。 [関連用語] 表現技法と効果 p.102　擬態語 p.103　擬音語 p.105　オノマトペ p.105 擬声語・擬音語・擬態語とオノマトペについて p.105
擬声語《ぎせいご》・擬音語《ぎおんご》・擬態語《ぎたいご》とオノマトペについて [共] p.105	「擬声語」「擬音語」「擬態語」について、明確な定義はない。本書では、「擬音語」は「擬声語」と同一として扱った。「擬声語」を意味するフランス語を語源とする「オノマトペ」は、国語では、「擬声語」「擬音語」「擬態語」を総称する言葉として扱われることが多い。 [関連用語] 表現技法と効果 p.102　擬声語 p.103　擬態語 p.103
議題《ぎだい》 [共]	会議などで取り上げるテーマや話題のこと。

擬態語《ぎたいご》 共 p.103	生き物の動作や容態、物事の状態や様子を表した語。 読者の感覚（視覚・触覚など）にはたらきかけ、生き生きとした実感をもたせる、リズム感を作る──などの効果がある。 関連用語　表現技法と効果 p.102　擬声語 p.103　擬音語 p.105 オノマトペ p.105 擬声語・擬音語・擬態語とオノマトペについて p.105
基本三部構成《きほんさんぶこうせい》 説 p.18 物 p.48	**➡説明文の基本三部構成、物語の基本三部構成**
基本三文型《きほんさんぶんけい》 説 p.20	「結論」が述べられている位置の違いに基づく３つの文型。 ・頭括型…結論が〈はじめ〉の部分に述べられている。 ・尾括型…結論が〈おわり〉の部分に述べられている。 ・双括型…結論が〈はじめ〉と〈おわり〉の両方に述べられている。 関連用語　基本三部構成（説明文）p.18　具体と抽象 p.22 問いと答え p.24　要旨 p.38　接続語 p.98
脚韻《きゃくいん》 共 p.103	行の末尾に同一の音をくり返すこと。音の響きをよくするなどの効果がある。 関連用語　表現技法と効果 p.102　頭韻 p.103
逆思考《ぎゃくしこう》の読み《よみ》 物 p.60	物語の結末を出発点として、「なぜそうなったのか」を問いながら、冒頭に行きつくまで因果関係を読み解いていく読み方。 関連用語　中心人物 p.54　出来事 p.60　伏線 p.68
逆接《ぎゃくせつ》の接続語《せつぞくご》 共 p.98	「しかし」「でも」「ところが」など、前とは反対のことが続く接続語。 関連用語　接続語 p.98
キャッチコピー 共	相手の心にインパクトを与えるように考えられた短い言葉や文章で、何らかの告知や宣伝に用いられる。

く

具体《ぐたい》 説 p.22	**➡具体と抽象**
具体《ぐたい》と抽象《ちゅうしょう》 説 p.22	説明文で述べられている内容の、関係性のとらえ方の１つ。個別の事例が「具体」であるのに対し、それをより一般化したものが「抽象」となる。 関連用語　基本三部構成（説明文）p.18　基本三文型 p.20 要旨 p.38　接続語 p.98　文末表現 p.100
句点《くてん》（。） 共 p.94	一文の意味を完結させるとき、言い切って文を終わるときに使う。 関連用語　表記 p.94
句読点《くとうてん》 共	句点と読点の総称で、文章の終わりや区切りにつける記号。 関連用語　表記 p.94
クライマックス 物 p.64	中心人物が最終的に変容する一文のこと。この一文は、中心人物の行動や心情についての描写、または中心人物の会話文である。 関連用語　主題 p.50　中心人物 p.54　変容 p.58　出来事 p.60 山場 p.62　視点の転換 p.76

くり返し《くりかえし》 共 p.92	文章を書く際の技法の１つ。表記や意味、構成などをくり返すことによって、その事柄が強調される。 関連用語　主題 p.50　おもしろさ p.70　リズム p.84　表記 p.94　表現技法と効果 p.102　反復法 p.103　くり返し句 p.103　リフレイン p.103　同語・同語句反復 p.103　類語・類語句反復 p.103　同音反復 p.103　類音反復 p.103
くり返し句《くりかえしく》 共 p.103	**➡反復法**

け

形式段落《けいしきだんらく》 説 p.26	段落（1つの内容を表す文のまとまり）のうち、改行や、文頭を１文字下げることで区切りが示されているもの。 関連用語　段落の主語 p.26　意味段落 p.28　主語連鎖 p.28　段落相互の関係 p.30　文章構造図 p.32　文章構成図 p.32
結末《けつまつ》 物	物語の構成の一部。中心人物の心情を大きく変えた出来事（事件）が終わる部分のこと。登場人物が最終的に到達した状況や場であり、作品の締めくくりの場である。 関連用語　基本三部構成（物語）p.48　出来事 p.60　山場 p.62　設定 p.66
結論《けつろん》 説	説明文などで、主張や要旨を述べている部分。主張や要旨がない場合は「まとめ」が結論となる場合もある。 関連用語　基本三部構成（説明文）p.18　はじめ・なか・おわり p.18　基本三文型 p.20　頭括型・尾括型・双括型 p.20　序論 p.20　本論 p.20

こ

行動描写《こうどうびょうしゃ》 物 p.78	「走り出しました」「立ち止まってしまいました」など、登場人物の行動を描写した表現。行動描写からは、その行動をとった登場人物の心情を想像することができる。 関連用語　描写 p.78　直接表現 p.78　間接表現 p.78　会話文 p.78　心内語 p.78　情景描写 p.78
五感《ごかん》 詩 p.82	詩を味わったり、創作したりするときに意識するとよい、人間がもっている基本的な５つの感覚（視覚、聴覚、嗅覚、味覚、触覚）。 関連用語　表現技法と効果 p.102
五七調《ごしちちょう》 共 p.103	**➡律**
答え《こたえ》 説 p.24	**➡問いと答え**
5W1H《ごだぶりゅういちえいち》 共	When（いつ）、Where（どこで）、Who（だれが）、What（何を）、Why（なぜ）、How（どのように）と、英語の頭文字を取ったもの。文章の構成を考えるときの手がかりとなる。 関連用語　基本三部構成（物語）p.48　登場人物 p.52　出来事 p.60　設定 p.66

根拠《こんきょ》 [説]	考えや発言のもとになるものやその理由。客観的な事実や、体験などの具体的事例で示されることが多い。 関連用語　意見・理由・事実 p.40

さ

作者《さくしゃ》 [物] [詩]	物語や詩などを書いた人。物語の設定を考え、作品の中の登場人物に話をさせたり、行動させたりして物語をつくる。作者は、物語や詩の中には登場しない。 関連用語　登場人物 p.52　語り手 p.74　視点 p.74
三人称客観視点《さんにんしょうきゃっかんしてん》 [物] p.74	語り手の視点の１つ。語り手が、登場人物とは別の立場として存在する。特定の人物ではなく、登場人物から距離を置いて客観的に語る。だれの心情も語らない。 関連用語　語り手 p.74　視点 p.74　一人称視点 p.74　三人称限定視点 p.74 三人称全知視点 p.74　視点の転換 p.76
三人称限定視点《さんにんしょうげんていしてん》 [物] p.74	語り手の視点の１つ。語り手が、登場人物とは別の立場として存在する。ある特定の登場人物（視点人物）に寄り添って語る。視点人物が、見たこと、聞いたこと、思ったことなどを語ったり、その場の状況を説明したりする。 関連用語　語り手 p.74　視点 p.74　一人称視点 p.74　三人称客観視点 p.74 三人称全知視点 p.74　視点の転換 p.76
三人称全知視点《さんにんしょうぜんちしてん》 [物] p.74	語り手の視点の１つ。語り手が、登場人物とは別の立場として存在する。登場人物全員の目や心を通して語る視点。登場人物すべての心情を語る。 関連用語　語り手 p.74　視点 p.74　一人称視点 p.74　三人称客観視点 p.74 三人称限定視点 p.74　視点の転換 p.76

し

司会《しかい》 [共]	話し合いなどをするときに、その目的にそって進行するように調整すること。司会をする人を「司会者」と呼ぶ。
事件《じけん》 [物]	**➡出来事**
指示語《しじご》 [共] p.96	物事を指し示すはたらきをもつ言葉。文脈の中で言葉や事柄を指し示したり、位置関係を表したりする。「こそあど言葉」ともいう。 関連用語　要約 p.36　表現技法と効果 p.102
事実《じじつ》 [説] p.40	**➡意見・理由・事実**
七五調《しちごちょう》 [共] p.103	**➡律**
質問《しつもん》 [共]	わからないことや確かめたいことについて、人にたずねること。
視点《してん》 [物] p.74	語り手が、だれの視点で物語を語っているかということ。語り手が寄り添っている人物を視点人物という。 関連用語　登場人物 p.52　中心人物 p.54　クライマックス p.64 語り手 p.74　視点の転換 p.76

視点《してん》の転換《てんかん》 物 p.76	語り手が寄り添う視点人物が、物語の途中で切りかわること。その後、元に戻ることもある。 関連用語　主題 p.50　中心人物 p.54　山場 p.62　クライマックス p.64　語り手 p.74　視点 p.74
地の文《じのぶん》 物	物語の中で、登場人物の言葉（会話文）以外の説明や語りの部分のこと。物語はおもに地の文によって話が進行する。 関連用語　登場人物 p.52　語り手 p.74　視点 p.74　説明 p.78　描写 p.78
修飾語《しゅうしょくご》 共	「どんな」や「どのように」のように、あとに続く言葉の意味や様子を詳しくするための言葉。
主語《しゅご》 共	文の中で、「だれが（は）」や「何が（は）」を表す言葉。 関連用語　段落の主語 p.26　主語連鎖 p.28
主語連鎖《しゅごれんさ》 説 p.28	同じ段落の主語をもつ形式段落のまとまり。 関連用語　具体と抽象 p.22　問いと答え p.24　形式段落 p.26　段落の主語 p.26　意味段落 p.28　段落相互の関係 p.30
取材《しゅざい》 共	文章を書いたり、話をしたりするときに、必要な材料や内容を集めること。
主題《しゅだい》 物 p.50	物語の作者が、その作品を通じて描こうとしたこと。中心人物の変容点（クライマックス）やその原因を、抽象化してとらえる。 関連用語　中心人物 p.54　変容 p.58　出来事 p.60　クライマックス p.64　題名 p.90
主張《しゅちょう》 説	文章全体の中で、筆者が述べようとする内容や考え。 関連用語　要旨 p.38
述語《じゅつご》 共	文の中で、「どうした（どうする）」にあたる言葉。
出典《しゅってん》 共	話や文章の中で、引用した情報が掲載されているもともとの本や資料など。出典にあたるものには、本や雑誌のほかに、ホームページなどがある。
順接《じゅんせつ》の接続語《せつぞくご》 共 p.98	「それで」「すると」「だから」など、前の結果が後に続く接続語。 関連用語　接続語 p.98
情景《じょうけい》 物	物語や詩の中で、登場人物の心が動かされるような場面や風景。情景が具体的に、ていねいに描かれることを「情景描写」という。 関連用語　登場人物 p.52　説明 p.78　描写 p.78
情景描写《じょうけいびょうしゃ》 物 p.78	周囲の情景を描写した表現。 情景描写は、読み手によって、人物の心情を表しているととらえるかどうかが分かれる。そのときは、その情景描写からなぜそのように想像できるのか、根拠となる〈出来事〉や〈因果関係〉をとらえることが大切になる。 関連用語　出来事 p.60　描写 p.78　直接表現 p.78　間接表現 p.78　会話文 p.78　心内語 p.78　行動描写 p.78
象徴《しょうちょう》 物	抽象的な概念を、具体的なものによって表現すること。題名や作品の中のキーワードに着目し、それが何を象徴しているかを想像することによって、作品の主題をとらえることができる。 関連用語　主題 p.50　登場人物 p.52　中心人物 p.54　題名 p.90

序論《じょろん》 説	説明文などで、話題や「問い」を提示する部分。 関連用語　基本三部構成（説明文）p.18　はじめ・なか・おわり p.18　基本三文型 p.20　頭括型・尾括型・双括型 p.20　結論 p.20　本論 p.20
事例《じれい》 説	ある物事や考えを説明するために、具体的な例としてあげられる事実。 関連用語　対比 p.42　類比 p.42　事例の順序 p.44
事例《じれい》**の順序**《じゅんじょ》 説 p.44	筆者が、その文章を通して伝えたいことを、最も効果的に伝えるための工夫の1つ。 関連用語　具体と抽象 p.22　文章構成図 p.32　対比 p.42　類比 p.42　接続語 p.98　表現技法と効果 p.102
心情《しんじょう》 物	登場人物が、ある出来事に接したときに、心の中で思っていることや感じとったこと。心情が具体的に、ていねいに描かれることを「心情描写」という。 関連用語　登場人物 p.52　出来事 p.60　描写 p.78
心内語《しんないご》 物 p.78	登場人物が心の中で思ったことや考えたことを語り手が述べた表現。 関連用語　描写 p.78　直接表現 p.78　間接表現 p.78　会話文 p.78　行動描写 p.78　情景描写 p.78
人物関係図《じんぶつかんけいず》 物 p.56	中心人物と対人物を中心に、人物の特徴、人物同士の関係や関わり、関連する出来事や変容を図に表したもの。 関連用語　登場人物 p.52　中心人物 p.54　対人物 p.56　変容 p.58
人物像《じんぶつぞう》 物	物語全体を通して描かれる、登場人物の人柄（性格や特徴）を総合的にとらえたもの。 関連用語　登場人物 p.52　中心人物 p.54　対人物 p.56

す

推敲《すいこう》 共	よりよい文章や詩をつくるために、言葉や表し方を、くり返し何度も読み直して練り直すこと。

せ

清音《せいおん》 詩 p.84	「あいうえお」という五十音で表される音。1文字で1音と数える。 関連用語　拗音 p.84　促音 p.84　濁音 p.84　半濁音 p.84　撥音 p.84　長音 p.84
接続語《せつぞくご》 共 p.98	文と文、段落と段落を結ぶ言葉。文章構成やその後の論理展開をつかむ手がかりとなる。 関連用語　形式段落 p.26　意味段落 p.28　文章構成図 p.32　主題 p.50
設定《せってい》 物 p.66	①物語世界の土台となる前提や背景、時、場所、人物の性格や特徴などを説明する部分。 ②「基本三部構成」の〈はじめ〉に当たる部分で、中心人物の変容が始まる前の部分。 ③物語の「伏線」が多くある部分。 関連用語　基本三部構成（物語）p.48　主題 p.50　中心人物 p.54　変容 p.58　出来事 p.60　伏線 p.68

説明《せつめい》 物 p.78	物語の記述のうち、物語に流れる時の流れから離れて、物語の設定や背景、人物の行動の理由などを大まかに述べた文のこと。 関連用語　登場人物 p.52　変容 p.58　出来事 p.60　設定 p.66　伏線 p.68　語り手 p.74　描写 p.78
説明文《せつめいぶん》の基本三部構成《きほんさんぶこうせい》 説 p.18	説明文の文章をまるごととらえるために、文章全体を３つの部分〈はじめ〉〈なか〉〈おわり〉に分けて構成を把握すること。 関連用語　基本三文型 p.20　問いと答え p.24　要旨 p.38　基本三部構成（物語）p.48

そ

双括型《そうかつがた》 説 p.20	➡**基本三文型**
促音《そくおん》 詩 p.84	小さい「っ」で表される音。１文字で１音と数える。 関連用語　清音 p.84　拗音 p.84　濁音 p.84　半濁音 p.84　撥音 p.84　長音 p.84

た

体言止め《たいげんどめ》 共 p.105	行末、または文末を体言（名詞・代名詞）で終えること。 その語を提示し、強調する、余韻・余情を生む、リズムを変化させる――などの効果がある。 関連用語　表現技法と効果 p.102
対人物《たいじんぶつ》 物 p.56	物語の中で、中心人物に対して、重要な役割や特別な関係をもつ人物のこと。登場人物だけとは限らない。 関連用語　登場人物 p.52　中心人物 p.54　人物関係図 p.56　変容 p.58
対比《たいひ》 説 p.42	2つの事柄を並べ合わせて、それぞれの違いや、特徴を明らかにすること。 関連用語　基本三文型 p.20　文章構成図 p.32　類比 p.42　事例の順序 p.44
題名《だいめい》 共 p.90	説明文、物語、詩のいずれにおいても、題名はその文章の主張や要旨、主題など、書き手が描きたかったことと深く関わっている。 関連用語　主題 p.50　登場人物 p.52　中心人物 p.54　出来事 p.60　山場 p.62
濁音《だくおん》 詩 p.84	ガ・ザ・ダ・バ行の音。１文字で１音と数える。 関連用語　清音 p.84　拗音 p.84　促音 p.84　半濁音 p.84　撥音 p.84　長音 p.84
段落《だんらく》 説	１つの内容を表す文のまとまり。 関連用語　形式段落 p.26　意味段落 p.28　段落相互の関係 p.30
段落相互《だんらくそうご》の関係《かんけい》 説 p.30	文章の中における、各段落の役割や、段落同士のつながり方。 段落相互の関係をとらえることで、文章構造が明らかになり、筆者の主張が見えてくる。 関連用語　形式段落 p.26　段落の主語 p.26　意味段落 p.28　主語連鎖 p.28　文章構造図 p.32　文章構成図 p.32

段落《だんらく》の主語《しゅご》 [説] p.28	形式段落で述べられていることを表す中心となる語。体言で表す。 [関連用語] 形式段落 p.26　意味段落 p.28　主語連鎖 p.28 段落相互の関係 p.30　文章構造図 p.32　文章構成図 p.32

ち

抽象《ちゅうしょう》 [説] p.22	➡具体と抽象
中心人物《ちゅうしんじんぶつ》 [物] p.54	物語の中で、心情や行動が最も大きく変容した登場人物のこと。物語とは、中心人物の変容を描くものだということができる。 [関連用語] 登場人物 p.52　対人物 p.56　変容 p.58　語り手 p.74　視点 p.74
中心人物《ちゅうしんじんぶつ》のこだわり [説] p.54	中心人物の変容が描かれる中で、その変容に大きく関わり、中心人物が一貫してもち続けている思い・願いのこと。 [関連用語] 中心人物 p.54　変容 p.58
長音《ちょうおん》 [詩] p.84	伸ばす音。「ー」で表現されることが多い。1音と数える。 [関連用語] 清音 p.84　拗音 p.84　促音 p.84　濁音 p.84　半濁音 p.84 撥音 p.84
直接表現《ちょくせつひょうげん》 [物] p.78	「うれしくなりました」「悲しかったので」など、人物の心情を直接述べた表現。 [関連用語] 描写 p.78　間接表現 p.78　会話文 p.78　心内語 p.78 行動描写 p.78　情景描写 p.78
直喩《ちょくゆ》 [共] p.104	例えるものと例えられるものとをはっきり区別して、「あたかも」「さながら」「まるで」「ごとし」「ようだ」「みたいだ」「例えば」など、比喩であることを説明する言葉を明示すること。次のような効果がある。 ・例えるものと例えられるものの類似性が示され、例えられているものの性質・状態が強調される。 ・イメージが広がり、新しいものの見方や発見が可能になることがある。 [関連用語] 表現技法と効果 p.102　隠喩（暗喩）p.104

つ

対句《ついく》 [共] p.104	同一または類似の構造をもつ句を並べること。音数がほぼ等しく、対比もしくは対応的な意味をもつ。リズム感を作る、内容的に整った感じを与え、安定感を生む、両者のコントラストを際立たせる（対比）、同傾向の特徴を強調する（対応）――などの効果がある。 [関連用語] 表現技法と効果 p.102

て

出来事《できごと》 [物] p.60	物語の中で、中心人物が変容するきっかけとなった事柄。日常会話における出来事という言葉のイメージとは異なる。事件と呼ぶこともある。 [関連用語] 中心人物 p.54　変容 p.58　伏線 p.68
展開《てんかい》 [物]	物語の進行。 [関連用語] 基本三部構成（物語）p.48　出来事 p.60　山場 p.62　設定 p.66

てんてん（……） 共 p.94	文末につけて、余韻をもたせるときに使う。 関連用語　表記 p.94

と

問い《とい》 説 p.24	**➡問いと答え**
問い《とい》と答え《こたえ》 説 p.24	説明文で述べられている内容の関係性のとらえ方の１つ。 その文章を読むときの視点となる「問い」を筆者が提起したうえで、それに対する「答え」を示すことで文章を展開していく。 関連用語　段落相互の関係 p.30　題名 p.90　接続語 p.98　文末表現 p.100
問い《とい》の文《ぶん》 説	説明文などで、何について書いてあるかを、読み手に問いかけている形で表した文のこと。〈はじめ〉に書かれていることが多い。 関連用語　問いと答え p.24
頭韻《とういん》 共 p.103	行の頭に同一の音をくり返すこと。音の響きをよくするなどの効果がある。 関連用語　表現技法と効果 p.102　脚韻 p.103
同音反復《どうおんはんぷく》 共 p.103	同音を２回以上くり返すこと。 （ここでいう「音」は、「1 音」を基準とする。） 関連用語　表現技法と効果 p.102　反復法 p.103　くり返し句 p.103 リフレイン p.103　同語・同語句反復 p.103 類語・類語句反復 p.103　類音反復 p.103
頭括型《とうかつがた》 説 p.20	**➡基本三文型**
同語《どうご》・同語句反復《どうごくはんぷく》 共 p.103	同じ語・語句を２回以上くり返すこと。 部分や全体のリズム感を作る、語り手・人物の心情の強さを示す――などの効果がある。 関連用語　表現技法と効果 p.102　反復法 p.103　くり返し句 p.103 リフレイン p.103　類語・類語句反復 p.103　同音反復 p.103 類音反復 p.103
登場人物《とうじょうじんぶつ》 物 p.52	物語に登場する人物のこと。 人のように話したり、動いたり、考えたりと自分の意志で行動していれば、人間以外の生き物や無生物であっても登場人物として扱う。 関連用語　中心人物 p.54　対人物 p.56　人物関係図 p.56　変容 p.58
倒置法《とうちほう》 共 p.104	日本語の通常の語順を逆転して表現する技法。次の３つがある。①「主語と述語の逆転」②「修飾語と被修飾語の逆転」③「独立語の位置の逆転」 語順を変えることによって、感動や驚き、強調したい自分の関心事や思いを強く相手に伝える。また、微妙な感情を表し、文章の単調を破る。特に文末に起こる場合や、後ろの部分が強調される場合には、余情・余韻の表現として効果がある。 関連用語　表現技法と効果 p.102
読点《とうてん》（、） 共 p.94	文の句切れを示し、文節や語句を印象づけたいときに使う。 関連用語　表記 p.94

な

なか 説 p.18 物 p.48	**➡説明文の基本三部構成、物語の基本三部構成**
中黒《なかぐろ》（・） 共 p.94	**➡中点**
中線《なかせん》（──） 共 p.94	文末につけて、余韻をもたせるときに使う。 関連用語　表記 p.94
中点《なかてん》（・） 共 p.94	単語を並列させるときや、外国語や外国人名の区切りに使う。 関連用語　表記 p.94

に

二重かぎかっこ《にじゅうかぎかっこ》（『　』） 共 p.94	「　」の中の文中の語句に、さらに「　」をつけたいときや、本の書名などに使う。 関連用語　表記 p.94
人称視点《にんしょうしてん》 物 p.74	**➡視点**

は

はじめ 説 p.18 物 p.48	**➡説明文の基本三部構成、物語の基本三部構成**
撥音《はつおん》 詩 p.84	言葉の中や語尾につく「ん・ン」。1 文字で 1 音と数える。 関連用語　清音 p.84　拗音 p.84　促音 p.84　濁音 p.84　半濁音 p.84 長音 p.84
パネルディスカッション 共	あるテーマについて、数名の異なる考えをもつパネリスト（話し手）が、フロア（聞き手）の前で意見を述べ合い、パネリスト同士で討論した後、フロアも討論に参加して話し合う討論会。
場面《ばめん》 物 p.72	物語を、時、場所、視点、登場人物などの基準で分けたときの、ひとまとまりの部分。作品によって、場面に分ける基準は異なる。 関連用語　登場人物 p.52　中心人物 p.54　変容 p.58　視点 p.74
半濁音《はんだくおん》 詩 p.84	パ行の音。1 文字で 1 音と数える。 関連用語　清音 p.84　拗音 p.84　促音 p.84　濁音 p.84　撥音 p.84 長音 p.84
反復法《はんぷくほう》 共 p.103	部分や全体のリズム感を作るために文や単語、語句などをくり返すこと。語り手や人物の心情の強さや高まりを示す、作者や筆者の意図や強調したいと思う点を強化する──などの効果がある。 関連用語　くり返し p.92　表現技法と効果 p.102

ひ

尾括型《びかつがた》 説 p.20	**➡基本三文型**
筆者《ひっしゃ》 説	説明文などの文章を書いた人。 関連用語　具体と抽象 p.22　問いと答え p.24
比喩《ひゆ》 共 p.104	**➡直喩、隠喩**
表記《ひょうき》 共 p.94	文章を書くときの、漢字、平仮名、片仮名の使い分けや、符号の使い方。 表記を工夫することによって、文章を読みやすくしたり、書き手の思いや伝えたいことを強調したりすることができる。 関連用語　表現技法と効果 p.102
表現技法《ひょうげんぎほう》 共 p.102	**➡表現技法と効果**
表現技法《ひょうげんぎほう》と効果《こうか》 共 p.102	文章表現の技や工夫と、それによって得られる効果。作者・筆者がどんな効果を得ようとして書いているかをつかむ手がかりとなる。 関連用語　五感 p.82　音数 p.84　リズム p.84　くり返し p.92　表記 p.94
描写《びょうしゃ》 物 p.78	物語の記述のうち、物語に流れる時の流れに沿って、人物の行動や言動、場面の様子などを細かく述べた文のこと。 関連用語　登場人物 p.52　変容 p.58　出来事 p.60　設定 p.66　伏線 p.68 語り手 p.74　説明 p.78
平仮名《ひらがな》 共 p.94	和語を中心とした言葉や送り仮名、接続詞や助詞などの品詞などに使われる。 関連用語　表記 p.94　漢字と平仮名の使い分け p.105

ふ

ファンタジー 物 p.80	非現実の世界を描いた物語。現実世界と非現実世界の行き来には、入り口や出口となるスイッチがあることが多い。 関連用語　基本三部構成（物語）p.48　中心人物 p.54　変容 p.58 出来事 p.60　おもしろさ p.70
複合語《ふくごうご》 共	「引く」＋「出す」→「引き出す」のように、２つ以上の言葉が合わさって、１つの言葉になったもの。
伏線《ふくせん》 物 p.68	物語の中で、重要だけれども見えにくい文脈。一見無関係に思える事柄が、後になってその後の展開に深く関わってくる。物語の「おもしろさ」と深い関係がある。 関連用語　中心人物 p.54　変容 p.58　出来事 p.60　クライマックス p.64 設定 p.66　おもしろさ p.70
文《ぶん》・文章《ぶんしょう》 共	言葉をつないでひとまとまりにしたものを「文」といい、その文がいくつか集まってまとまりになったものを「文章」という。
文章構成図《ぶんしょうこうせいず》 説 p.32	文章構造図によって示された形式段落のまとまり同士のつながり方を、フロー形式の図に表したもの。 関連用語　基本三部構成（説明文）p.18　形式段落 p.26　意味段落 p.28 段落相互の関係 p.30　文章構造図 p.32　要点 p.34　要約 p.36

文章構造図《ぶんしょうこうぞうず》 [説] p.32	内容や役割をもとにした形式段落のまとまりを、図に表したもの。 関連用語　基本二部構成（説明文）p.18　形式段落 p.26　意味段落 p.28 段落相互の関係 p.30　文章構成図 p.32　要点 p.34　要約 p.36
文末表現《ぶんまつひょうげん》 [共] p.100	文の末尾の表現。その文の役割を判断する材料となる。 関連用語　形式段落 p.26　意味段落 p.28　文章構造図 p.32 文章構成図 p.32　要約 p.36

へ

変容《へんよう》 [物] p.58	物語の中における、登場人物の心情やものの見方、考え方などの変化のこと。 関連用語　中心人物 p.54　対人物 p.56　出来事 p.60

ほ

冒頭《ぼうとう》 [物]	物語の基本構成の一部。文章の書き出し、話の発端、物語の設定や状況を説明する部分。 関連用語　基本三部構成（物語）p.48　設定 p.66
本論《ほんろん》 [説]	説明文などで、おもに事例と説明が述べられている部分。事例と説明のまとめも本論とする場合もある。 関連用語　基本三部構成（説明文）p.18　はじめ・なか・おわり p.18 基本三文型 p.20　頭括型・尾括型・双括型 p.20　序論 p.20 結論 p.20

み

見出し《みだし》・小見出し《こみだし》 [説]	文章の中で、その内容の要点を短くまとめた言葉や文のこと。文章のまとまりのはじめに置かれる。 見出しだけでは内容がわかりにくい場合に、補足する形で小見出しを入れる。 関連用語　要点 p.34
見た目《みため》でわかる形《かたち》の詩《し》 [共] p.105	語・語句・行などの配置、構成の工夫によって、詩を絵画的、図形的に描くこと。かかれたものの姿・形を絵画的（図形的）に連想させるなどの効果がある。 関連用語　表現技法と効果 p.102

め

名詞止め《めいしどめ》 [共] p.105	**➡体言止め**

も

黙読《もくどく》 [共]	文や文章などを、声に出さずに読むこと。
物語《ものがたり》の基本三部構成《きほんさんぶこうせい》 [物] p.48	物語をまるごととらえるために、〈はじめ〉〈なか〉〈おわり〉の 3 つの部分に分けて構成を把握すること。 関連用語　基本三部構成（説明文）p.18　中心人物 p.54　変容 p.58 出来事 p.60　山場 p.62　設定 p.66

や

訳者《やくしゃ》 共	外国語の文章を、日本語の文章に訳した人のこと。
山場《やまば》 物 p.62	物語の中で、中心人物が変容する過程が描かれている部分。 関連用語　主題 p.50　中心人物 p.54　変容 p.58　出来事 p.60 クライマックス p.64　設定 p.66

よ

拗音《ようおん》 詩 p.84	小さい「ゃ・ゅ・ょ」のつく言葉。清音にくっついて 1 音と数える。 関連用語　清音 p.84　促音 p.84　濁音 p.84　半濁音 p.84　撥音 p.84 長音 p.84
要旨《ようし》 説 p.38	文章全体の中で、筆者が述べようとする内容や考えの、中心となる事柄。 筆者の主張がある場合は、主張を抽象化したもの。 関連用語　基本三部構成（説明文）p.18　基本三文型 p.20　具体と抽象 p.22 主題 p.50　くり返し p.92　文末表現 p.100
要点《ようてん》 説 p.34	1 つの形式段落の中で筆者が述べようとしたことを、短い文にまとめたもの。 日常生活で用いる「要点」という言葉の意味とは異なる。 関連用語　具体と抽象 p.22　形式段落 p.26　段落の主語 p.26 意味段落 p.28　主語連鎖 p.28　意見・理由・事実 p.40
要約《ようやく》 説 p.36	文章全体のあらましをまとめること。要点を段落相互の関係に沿ってつなぐことで、要約することができる。 関連用語　具体と抽象 p.22　問いと答え p.24　意味段落 p.28 段落相互の関係 p.30　要点 p.34　要旨 p.38

り

リズム 詩 p.84	日本語のリズムは、5 音と 7 音が基盤となってできている。 関連用語　音数 p.84　連 p.86　表現技法と効果 p.102
律《りつ》 共 p.103	五七調や七五調のように規則的な音数の配列によって作られるリズム、調子のこと。日本語の場合、外在律とは音数律。 ・五七調…重厚な調子。重たい感じを与える。 ・七五調…軽快な調子。弾んだ感じを与える。 関連用語　音数 p.84　リズム p.84　表現技法と効果 p.102
リフレイン 共 p.103	**➡反復法**
理由《りゆう》 説 p.40	**➡意見・理由・事実**

る

類音反復《るいおんはんぷく》 共 p.103	音素のいずれかが同じ音を 2 回以上くり返すこと。音素とは、例えば、「か」なら「K」音や「a」音を指す。（ここでいう「音」は、「1 音」を基準とする。） 関連用語　表現技法と効果 p.102　反復法 p.103　くり返し句 p.103 リフレイン p.103　同語・同語句反復 p.103 類語・類語句反復 p.103　同音反復 p.103

累加《るいか》・添加《てんか》の接続語《せつぞくご》 共 p.98	「さらに」「そのうえ」「しかも」など、前につけ加える接続語。 関連用語　接続語 p.98
類語《るいご》・類語句反復《るいごくはんぷく》 共 p.103	類語・類語句を２回以上くり返すこと。 部分や全体のリズム感を作る、語り手・人物の心情の強さを示す――などの効果がある。 関連用語　表現技法と効果 p.102　反復法 p.103　くり返し句 p.103 リフレイン p.103　同語・同語句反復 p.103　同音反復 p.103 類音反復 p.103
類比《るいひ》 説 p.42	２つの事柄について、類似点を示したうえで、一方の特徴がもう一方にも見られるはずだと推しはかること。 関連用語　基本三文型 p.20　文章構成図 p.32　対比 p.42　事例の順序 p.44

れ

連《れん》 詩 p.86	詩で用いられる表現技法の１つ。何行かを１つのまとまりにしたもの。一般的に連と連との間は行間を空けることで区切る。1つ目の連を「一連」、2つ目の連を「二連」……とよぶ。 関連用語　形式段落 p.26　意味段落 p.28　場面 p.72　リズム p.84 くり返し p.92　表現技法と効果 p.102

ろ

朗読《ろうどく》 共	物語などを読んでその文章全体から感じたことや考えたことを、聞き手に伝わるように声に出して読むこと。

わ

話題《わだい》 共	話の中心になる事柄や材料。話し合いをするときの、中心となる題材や種となる。
割りつけ《わりつけ》 共	新聞などをつくるときに、仕上がりの体裁を考えて、文字の書体や写真・図などの大きさや配置などを指定すること。

学ぶことの意味、学ぶことの楽しさを考えさせる有名な言葉として、

「四十而不惑（四十にして惑わず）」

があります。「論語」におさめられた孔子の言葉です。この言葉から40歳のことを「不惑《ふわく》」とよびます。それぞれの年齢を見てみると、次のようになっています。

15歳：吾十有五而志于学（吾十有五にして学に志す）… 志学《しがく》

30歳：三十而立（三十にして立つ）…而立《じりつ》

40歳：四十而不惑（四十にして惑わず）…不惑

50歳：五十而知天命（五十にして天命を知る）…知命《ちめい》

60歳：六十而耳順（六十にして耳順ふ）…耳順《じじゅん》

70歳：七十而従心所欲、不踰矩（七十にして心の欲する所に従へども矩を踰えず）…従心《じゅうしん》

論語は孔子が自身の一生を回顧し、自らの人間形成の過程を述べたものとされますが、学びの「奥深さ」や「楽しさ」が表現されているように感じます。

私は、「耳順」どころか、もう60代も半ば。しかし「耳順」といえるほどの学びの境地に達しているかといえば甚だ疑問ではあります。とはいえ日本には「六十の手習い」という言葉もあります。「学問や習い事を始めるのに、たとえ晩年になってから始めても、遅すぎるということはない」という意味です。この言葉にも「学ぶことの楽しさ」が込められているように感じます。そこで私も「耳順」にして手習いを始めてみることにしました。「書道」です。

もちろんこれまでも、「書道」に触れてきました。小学校の教師として「書道」の授業を行ってきましたし、個人的に書道塾にも通いました。

しかし、60歳を過ぎたころ、果たして私は書道の本当の楽しさを知っているのだろうか、書道を学ぶことができているのだろうか——と思うようになったのです。

これまでの私の書道体験は、示された課題の文字を「いかにお手本に似せて書くか」が大切でした。段・級の取得をめざして何度も練習し、その結果に一喜一憂することに楽しさを感じていました。目先の目標に対する喜びや悔しさはありましたが、そこに、学ぶことの楽しさはあったのだろうか……。

そこで「耳順」を過ぎてから、学び方を変えてみたのです。

「この言葉はどのように読むのか？」

「この文字はどのような筆運びで書くのか？」

「この文字の中心はどこにあるのか？」

こういった、「自分の悩みや問いを解決するための学び」を意識するようにしたのです。すると、「筆で文字を書くこと」の楽しさが違ってきたのです。

お手本をまねていたときには、「なぜそう書くのか」「どうして、ここが中心になる

のか」「この文字で何を表現しようとしているのか」といったことは、あまり気にしていませんでした。それよりも、いかにお手本の「見た目」に近づけるかということばかりに気をとられていました。

逆にいえば、そういった書き方では、いくらがんばってもお手本を超えることはできません。また、お手本のない文字はなかなか上達できません。

しかし、ただお手本をまねるのではなく、まずは自分なりの「問い」や「悩み」をもち、それを解決することを目標とした取り組みを始めてみると、長年続けてきた「書道」の世界であるにもかかわらず、新しい景色が見えてきたのです。

例えば、「散らし書き」という書き方があります。文字通り、文字をきちんと並べて書くのではなく、紙面に散らすように配置する日本古来の書き方です。もちろんこれも師範のお手本があるのですが、単にそれをまねるのではなく、どんな意味があり、どのようなことに気をつけて書くのか、どんなきまりごとがあって、そのきまりをどのように使うのか……という視点をもちながら作品を仕上げていく。なかなか思うような仕上がりにはならないのですが、そこには、ただまねていたときとはまったく異なる「学び」と「楽しさ」があったのです。

「はじめに」でも述べたように、国語の学習では「用語」「方法」「原理・原則」を教えること・学ぶことが大切です。そのことが、国語に限ったことではなく、さまざまな「学び」に共通なのではないかと、書道の「六十の手習い」を通じて私は考えるようになりました。

今、私は、書の世界にさまざまな「問い」を浴びせています。そして、この問いを一つひとつ解決していくことが、この先の「学びの楽しさ」につながるのではないかと考えています。

「用語」「方法」「原理・原則」を糧とした学びは、学び手にさまざまな「問い」を生みます。そして、その「問い」を明確に解決していく論理的な思考によって、「そうか。なるほど！」「できた！」「わかった！」という学びの楽しさを味わわせてくれるはずです。

最後になりましたが、本書の企画や出版につきましていろいろとご意見、アイデアをいただき、ご協力してくださいました文溪堂の岸 保好様、そして、装文社の金子聡一様にお礼申し上げます。ありがとうございました。

本書が多くの子どもたちの、そして先生方の、学びの扉を開ける一助となればと願っています。

明星大学教授　白石範孝

編著者紹介

白石《しらいし》 範孝《のりたか》

1955年鹿児島県生まれ。東京都の小学校教諭、筑波大学附属小学校教諭を経て、現在、明星大学教授。著書に、『白石範孝のおいしい国語授業レシピ』『白石範孝の国語授業のフルコース』『3段階で読む新しい国語授業』1～3『国語授業を変える「用語」』『国語授業を変える言語活動の「方法」』『まるごととらえる国語教材の分析』『国語の冒険』『国語授業を変える「原理・原則」』Ⅰ説明文編、Ⅱ物語・詩編『新 国語授業を変える「漢字指導」』（文溪堂）、『白石範孝の「教材研究」』（東洋館出版社）など多数。

著者紹介（50音順）

白坂《しらさか》 洋一《よういち》　筑波大学附属小学校
田島《たじま》 亮一《りょういち》　明星大学講師
野中《のなか》 太一《たいち》　暁星小学校
藤平《ふじひら》 剛士《たけし》　相模女子大学小学部

デザイン・DTP：野澤義彦（有限会社野澤デザインスタジオ）
編集協力：金子聡一（株式会社装文社）

新 国語授業を変える「用語」

2021年7月　第1刷発行
2021年11月　第2刷発行

編　著　者　白石範孝
発　行　者　水谷泰三
発　行　所　株式会社文溪堂
東京本社／東京都文京区大塚 3-16-12　〒112-8635
TEL（03）5976-1311（代）
岐阜本社／岐阜県羽島市江吉良町江中 7-1　〒501-6297
TEL（058）398-1111（代）
大阪支社／大阪府東大阪市今米 2-7-24　〒578-0903
TEL（072）966-2111（代）
ぶんけいホームページ　http://www.bunkei.co.jp/

印刷・製本　サンメッセ株式会社

ISBN978-4-7999-0402-2　NDC375　128P　257mm × 182mm